"十四五"职业教育国家规划教材

"十三五"职业教育国家规划教材

1+X职业技能等级证书（呼叫中心客户服务与管理）配套教材

呼叫中心客户服务与管理
（基础知识）

组　编　北京华唐中科科技集团有限公司

主　编　闫新波　阮瑞华

副主编　张　超　张晓莲　彭　媛　王　敏

　　　　刘　鹏　郑　敏

参　编　李玉莉　吴明涛　武孟辉　劲文颖

　　　　文　洋　赵　伟　高阳锟　李　洁

机械工业出版社

本书为“十四五”职业教育国家规划教材，也是1+X职业技能等级证书（呼叫中心客户服务与管理）配套教材之一，依据《1+X呼叫中心客户服务与管理职业技能等级证书标准》编写，本书以提升能力为本位，以工作任务和1+X职业技能等级标准要求为基础，同时配套开发《呼叫中心客户服务与管理初级技能》《呼叫中心客户服务与管理中级技能》教材。

本书共两个单元，第1单元为呼叫中心概述，第2单元为呼叫中心基础技能训练，包括3个项目，分别为优质语音塑造训练、专业化服务表达训练和压力与情绪管理。

本书适用于1+X呼叫中心客户服务与管理职业技能等级证书培训的学员及培训教师使用，也可作为中高等职业院校、应用型本科院校客户信息服务、电信服务与管理、电子商务、市场营销等相关专业的配套教材，还可作为呼叫中心从业人员的培训用书。

为便于教学，本书配有免费电子课件等教学资源，选择本书作为授课教材的教师可登录www.cmpedu.com网站，注册、免费下载。本书还配有客户服务人员标准用语，读者可直接扫描二维码跟读。

图书在版编目（CIP）数据

呼叫中心客户服务与管理：基础知识/闫新波，阮瑞华主编．—北京：机械工业出版社，2020.7（2025.10重印）

1+X职业技能等级证书．（呼叫中心客户服务与管理）配套教材

ISBN 978-7-111-65953-2

Ⅰ．①呼…　Ⅱ．①闫…②阮…　Ⅲ．①呼叫中心—商业服务—职业技能—鉴定—教材　Ⅳ．①F626.3

中国版本图书馆CIP数据核字（2020）第109843号

机械工业出版社（北京市百万庄大街22号　邮政编码100037）

策划编辑：梁　伟　　　责任编辑：梁　伟　李绍坤

责任校对：王　欣　肖　琳　　　封面设计：鞠　杨

责任印制：邓　博

北京中科印刷有限公司印刷

2025年10月第1版第9次印刷

184mm×260mm・11.5印张・266千字

标准书号：ISBN 978-7-111-65953-2

定价：39.00元

电话服务　　　网络服务

客服电话：010-88361066　　　机　工　官　网：www.cmpbook.com

010-88379833　　　机　工　官　博：weibo.com/cmp1952

010-68326294　　　金　书　网：www.golden-book.com

封底无防伪标均为盗版　　　机工教育服务网：www.cmpedu.com

关于“十四五”职业教育
国家规划教材的出版说明

为贯彻落实《中共中央关于认真学习宣传贯彻党的二十大精神的决定》《习近平新时代中国特色社会主义思想进课程教材指南》《职业院校教材管理办法》等文件精神，机械工业出版社与教材编写团队一道，认真执行思政内容进教材、进课堂、进头脑要求，尊重教育规律，遵循学科特点，对教材内容进行了更新，着力落实以下要求：

1. 提升教材铸魂育人功能，培育、践行社会主义核心价值观，教育引导学生树立共产主义远大理想和中国特色社会主义共同理想，坚定“四个自信”，厚植爱国主义情怀，把爱国情、强国志、报国行自觉融入建设社会主义现代化强国、实现中华民族伟大复兴的奋斗之中。同时，弘扬中华优秀传统文化，深入开展宪法法治教育。

2. 注重科学思维方法训练和科学伦理教育，培养学生探索未知、追求真理、勇攀科学高峰的责任感和使命感；强化学生工程伦理教育，培养学生精益求精的大国工匠精神，激发学生科技报国的家国情怀和使命担当。加快构建中国特色哲学社会科学学科体系、学术体系、话语体系。帮助学生了解相关专业和行业领域的国家战略、法律法规和相关政策，引导学生深入社会实践、关注现实问题，培育学生经世济民、诚信服务、德法兼修的职业素养。

3. 教育引导学生深刻理解并自觉实践各行业的职业精神、职业规范，增强职业责任感，培养遵纪守法、爱岗敬业、无私奉献、诚实守信、公道办事、开拓创新的职业品格和行为习惯。

在此基础上，及时更新教材知识内容，体现产业发展的新技术、新工艺、新规范、新标准。加强教材数字化建设，丰富配套资源，形成可听、可视、可练、可互动的融媒体教材。

教材建设需要各方的共同努力，也欢迎相关教材使用院校的师生及时反馈意见和建议，我们将认真组织力量进行研究，在后续重印及再版时吸纳改进，不断推动高质量教材出版。

机械工业出版社

PREFACE

前言

党的二十大报告提出“加快发展数字经济，促进数字经济和实体经济深度融合，打造具有国际竞争力的数字产业集群”。伴随着我国经济发展应运而生的呼叫中心产业在短短二十多年间从无到有、蓬勃发展，成功应用于通信、金融、电商、物流等行业。它的业务范围不断拓展、服务内容持续延伸，建立了企业与客户之间顺畅沟通的桥梁。伴随着中国通信进入5G时代和电子商务的发展，我国的呼叫中心产业还有很大的成长空间。

2019年2月，国务院发布《国家职业教育改革实施方案》（通常称为“职教20条”），提出从2019年开始，在职业院校、应用型本科高校启动“学历证书+若干职业技能等级证书”制度试点（简称“1+X证书制度试点”）工作。1+X证书制度将学校学历教育和社会用人需求及学历证书与职业技能等级证书有效地结合起来，使职业技能人才成长之路更加多元。1+X呼叫中心客户服务与管理职业技能等级证书是1+X证书制度第三批试点项目。

通过本书学习，学员能够掌握呼叫中心客户服务与管理初级技能；能够根据业务的需要完成呼入、呼出、电话销售及网店零售等客户接待与业务受理工作；能够胜任呼叫中心坐席代表、电话销售专员、在线客服专员及电话回访员等岗位。

教学建议

单元/项目名称		理论学时	实操学时
呼叫中心概述		8	0
呼叫中心基础技能训练	优质语音塑造训练	4	6
	专业化服务表达训练	6	6
	压力与情绪管理	6	0

本书由职业教育专家担任主编，邀请中、高职院校专业教师、呼叫中心高层管理者共同参与编写。全书共计两个单元，其中第1单元由洛阳市教育局职业与成人教育研究室闫新波、李玉莉，云南邮电学校王敏，北京华唐中科科技集团有限公司劾文颖、李洁编写。第2单元项目1由洛阳服务外包学院吴明涛、河南省商务学校武孟辉、清远工贸职业技术学校阮瑞华、乌审旗职业中学刘鹏编写；项目2由河南省商务学校彭媛、北京华唐中科科技集团有限公司赵伟、高阳锟编写；项目3由武汉职业技术学院张晓莲、广元市利州中等专业学校郑敏、北京华唐中科科技集团有限公司文洋编写，北京华唐中科科技集团有限公司张超完成本书的统稿工作。

本书主编为《1+X呼叫中心客户服务与管理职业技能等级标准》主要起草者，曾先后组织全国客户信息服务专业技能大赛（行业赛事）、省市级客户信息服务职业技能比赛及呼叫服务员职业技能鉴定，其他编者也曾获得“国家级教学成果奖”、全国技能大赛优秀指导老师等荣誉。

由于编者水平有限，书中出现的不足之处还请各位读者给予指正。

编　者

二维码清单（客户服务标准服务用语）

场　　景	图　　形	场　　景	图　　形
问候客户时1		客服无法听清时3	
问候客户时2		客服无法听清时4	
问候客户时3		客户讲方言时1	
问候客户时4		客户讲方言时2	
遇到无声电话时1		客户讲方言时3	
遇到无声电话时2		客户周围杂声大或信号不好时1	
遇到无声电话时3		客户周围杂声大或信号不好时2	
客服无法听清时1		客户周围杂声大或信号不好时3	
客服无法听清时2		需要客户重复时1	

场　　景	图　　形	场　　景	图　　形
需要客户重复时2		客户需要转接时1	
需要客户重复时3		客户需要转接时2	
让客户等待时1		客户需要转接时3	
让客户等待时2		需要客户记录相关内容时1	
让客户等待时3		需要客户记录相关内容时2	
让客户等待时4		客户打错电话时1	
让客户等待时5		客户打错电话时2	
需要客户提供资料时1		客户打错电话时3	
需要客户提供资料时2		客户咨询无法回答的问题时1	
需要客户提供资料时3		客户咨询无法回答的问题时2	

场　景	图　形	场　景	图　形
客户咨询无法回答的问题时3		客户提供建议时1	
客户咨询无法回答的问题时4		客户提供建议时2	
遇到骚扰电话时1		客户提供建议时3	
遇到骚扰电话时2		客户提供建议时4	
客户不明白或者理解有误时1		客户投诉热线难拨通、应答慢时1	
客户不明白或者理解有误时2		客户投诉热线难拨通、应答慢时2	
客户不明白或者理解有误时3		客户情绪激动时1	
需要拒绝客户时1		客户情绪激动时2	
需要拒绝客户时2		客户情绪激动时3	
需要拒绝客户时3		客户投诉坐席代表工作出错时1	

场　　景	图　　形	场　　景	图　　形
客户投诉坐席代表工作出错时2		系统或者设备出现问题时1	
客户投诉坐席代表态度不好时1		系统或者设备出现问题时2	
客户投诉坐席代表态度不好时2		操作界面反应较慢或进行相关资料查询时	
客户投诉坐席代表态度不好时3		解答完客户问题时1	
客户投诉坐席代表态度不好时4		解答完客户问题时2	
无法当场答复投诉时1		解答完客户问题时3	
无法当场答复投诉时2		解答完客户问题时4	
无法当场答复投诉时3		结束语1	
网络出现问题时		结束语2	

目录 CONTENTS

前言

二维码清单（客户服务标准服务用语）

第1单元　呼叫中心概述 …… 1

第2单元　呼叫中心基础技能训练 …… 39

项目1　优质语音塑造训练 …… 40

任务1　普通话中容易混淆的发音训练 …… 41

任务2　普通话中的声调音节和音变 …… 58

任务3　客户服务人员声音形象的塑造 …… 74

项目 2　专业化服务表达训练 …… 92

任务1　客户服务标准服务用语 …… 93

任务2　客户服务常用技巧 …… 108

任务3　客户服务沟通技巧 …… 119

项目 3　压力与情绪管理 …… 139

任务1　认识呼叫中心的压力来源 …… 140

任务2　有效管理自我情绪 …… 148

任务3　正确舒缓个人压力 …… 157

参考文献 …… 172

第1单元

呼叫中心概述

一、呼叫中心认知

随着社会分工的日趋完善及产品与产品间的激烈竞争，呼叫中心（Call Center）作为企业客户关系管理的重要一环，同研发和销售一样成为企业活动的重要组成部分。随着呼叫中心的不断发展，其被广泛应用在金融、电信、电子商务、医疗、法律等各行各业，成为一个服务于各个行业的信息集散平台，是信息时代最具发展前景的网络商务形式。

现在，呼叫中心这一概念的内涵已经十分丰富，它涵盖了一个规模庞大的行业。在国内，最近几年出现了各种各样的关于呼叫中心的定义，有的从呼叫中心服务形式上进行定义，有的从强调呼叫中心的技术构成上进行定义，有的从强调呼叫中心的功能和作用上进行定义。例如，服务热线、热线电话、服务中心、联络中心等。但不管是哪种定义，都充分体现了呼叫中心的核心功能和特征。

1．呼叫中心概念

呼叫中心是指充分利用现代通信与计算机技术，如IVR（Interactive Voice Response，交互式语音应答）系统、ACD（Automatic Call Distribution，自动呼叫分配）系统、CTI（Computer Telephony Integration，计算机电话集成）系统、CMS（Call Management System，呼叫管理系统）、CRM（Customer Relationship Management，客户关系管理）系统等，可以自动灵活地产生大量各种不同的呼入和呼出业务和服务的运营操作场所。

不同企业的呼叫中心根据其工作方式和工作内容也有不同的称谓，这些称谓大都是力图去概括和反映其特色，常见的别名有：客户服务中心、客户联络中心、客户关系中心、客户支持中心、多媒体接入中心及电话销售中心等。各种各样的呼叫中心的别名从不同的侧面反映了呼叫中心这一概念的复杂性和内容的广泛性。可以笼统地理解为，呼叫中心是企业利用现代通信手段集中处理与客户的交互过程的机构。呼叫中心坐席代表典型的工作方式就是戴着耳麦，一边通过电话与客户进行交流，一边通过计算机进行查询和记录。

呼叫中心最初是把用户的呼叫转移到应答台或者专家处。此后，随着要转移的呼叫和应答增多，开始建立起交互式语音应答系统。传统意义上的呼叫中心，是指以电话接入为主的呼叫响应中心，为客户提供各种电话响应服务。但随着通信技术及互联网技术的发展，呼叫中心与客户沟通的渠道不仅限于通话语音服务这一种形式，依托于新技术的电商客服、在线客服、新媒体平台客服、视频客服等也逐渐纳入呼叫中心业务范围内。

2．呼叫中心的作用

对于一个企业而言，客户服务质量的高低是决定企业生存和发展的重要因素。随着社会经济和科学技术的进步，企业向客户提供服务的种类越来越丰富，服务的规模和内容迅速增加，利用先进的科技手段和管理方法，让企业的客户服务质量有一个质的飞跃，为企业带来无可估量的效益和价值，最终赢得丰厚的利润。我国主流行业的呼叫中心已经逐步从“成本中心”发展为“利润中心”。

呼叫中心主要具有以下几个方面的作用。

（1）提高客户的满意度和忠诚度

对于一个企业来说，如何将客户和企业有机地结合起来，建立通畅快捷的沟通渠道让客户感受到企业的关怀，并且不断增加使客户感到满意的服务内容，已成为企业在当今时代取得成功的一个重要因素。传统呼叫中心建立初衷就是解决客户的疑问，降低客户的不满意度，提升客户的满意度和忠诚度。

（2）降低服务成本，有效地管理资源

客户服务工作需要一个庞大的支持系统，从客户服务的角度来讲，需要的资源包括：人力资源、数据资源、设备资源及通信线路资源。只有将先进的服务手段和这些系统紧密集成起来，才能实现高质量的客户服务。随着CTI技术、互联网技术的飞速发展和良好融合，产生了由先进计算机系统集成的呼叫中心。这种系统极大地改善了企业与用户接触的广度和深度，引发了一场企业对客户服务方式的改革。同时，越来越多的先进的运营管理思维也融入了呼叫中心的核心设计理念中，这使得企业对资源的管理可以更加切实、有效。实践证明，管理系统的完善可以极大地提高呼叫中心的工作效率，使规模更大、业务更复杂的呼叫中心得以实现。

（3）提高服务人员的工作效率

呼叫中心坐席代表是呼叫中心的一线人员，企业通过他们与客户之间架起沟通的桥梁。客户对呼叫中心坐席代表的认同就代表着对企业的认同。呼叫中心的形成就预示着市场需要大批高素质的呼叫中心坐席代表，需要利用先进的技术手段对他们进行合理的培训、组织，使其服务水平不断提高，从而提高工作效率。

（4）保持并增强现有的市场渠道，挖掘新的客户资源

在现代市场竞争中，各种销售手段的灵活组合是取胜的有力武器。而将客户的投诉和抱怨转化为销售机会更是一种高明的销售技巧。当一个客户打电话进入呼叫中心，呼叫中心坐席代表可以通过即时访问数据库信息将客户问题转化成销售机遇，也可能将客户的误解、抱怨通过自身的技巧轻松转化为客户对企业的信任，甚至能够通过这些抱怨发现新的市场需求。在许多情况下，呼叫中心坐席代表通过向客户介绍新增的服务项目和业务方案解决客户的疑问。而在许多服务过程中，如果呼叫中心坐席代表能够轻松地访问客户的信息和业务记录，那么客户就可以获得所需的信息，同时也将得到丰富的可选择的服务项目。在另外一些情况下，呼叫中心还能够主动访问客户，为之提供有效的具有针对性的服务，挖掘潜在的客户。

（5）为企业提供市场分析数据

呼叫中心直接面向客户，接触的是最真实的市场需求。将这些真实数据利用计算机技术加以科学的统计分析，将对企业业务的开拓起到巨大促进作用。这些珍贵的市场数据是每个企

业梦寐以求的，也是呼叫中心在运营中不断升值的原因之一。

客户服务是与客户交互的一个完整过程，包括听取客户的问题和要求、对客户的需求作出反应，提供解决方案，并探询客户新的需求，整理客户意见帮助企业改善等，绝不仅仅是外人所说“接电话”那么简单。客户服务可以用一个复杂的循环来表示，其中不仅仅包括了客户和客户服务部门，实际上包括了整个公司，即把公司整体作为一个受客户需求驱动的对象。

3．呼叫中心的特征

（1）无地域限制

传统服务行业一般都采用开店营业的方式，客户必须到营业网点才能得到相应的服务或办理业务。这对于企业来说，一方面会带来较高的房租和运营成本，另一方面所服务的客户会受到居住地的限制。而采用呼叫中心则解决了这两方面的问题，企业不用再考虑地理的限制，远距离服务甚至跨国家、跨海岸的离岸服务外包都可以通过通信网络实时进行。

（2）无时间限制

传统企业考虑员工的劳动力和经营场所的限制，一般的营业时间为8～12个小时，但在呼叫中心，可以借助于人员排班和自动语音应答设备，实现24小时全天候的服务。例如，一些民生机构、通信企业、救援企业、商旅服务企业都会为客户提供7×24小时的人工服务。

（3）个性化服务

呼叫中心可为客户提供更好的，而且往往是普通营业网点提供不了的服务。

例如，在呼叫到来的同时，呼叫中心即可根据主叫号码或被叫号码提取出相关的信息传送到坐席的终端上，简化了电话处理的程序。另外，呼叫中心还可以收集并建立数据库，利用大数据分析及挖掘技术为企业经营提供更好的支撑，改善服务流程，为客户提供个性化的完整服务，这样便会带来极大的竞争优势。

4．呼叫中心的产生及发展

1956年，美国泛美航空公司建成了世界上第一家呼叫中心。在20世纪80年代，呼叫中心在欧美等发达国家的电信企业、航空公司、商业银行等领域得到了广泛的应用。20世纪90年代中后期，随着中国经济的发展，呼叫中心概念被引入国内。今天，呼叫中心在家电企业、邮电、银行、航空、铁路、保险、股票、房地产、旅游、电商、公共安全等众多的行业间搭建起了企业与客户、政府与百姓之间的一座桥梁，与百姓的日常生活息息相关。

随着近年来互联网技术、人工智能技术、大数据分析技术的不断进步与成熟，逐渐改变着各行各业的运营模式时，呼叫中心也深受影响。为了满足逐年多样的呼叫需求，提升用户体验、提高工作效率，目前全球几乎所有的呼叫中心已经不再局限于简单的语音接入，而是不断地实现智能化的改造。

根据我国“十三五规划”，战略性新兴产业被摆在经济社会发展更加突出的位置，进一步发展壮大新一代信息技术、高端装备、新材料、生物、新能源汽车、新能源、节能环保、数字创意等战略性新兴产业。战略性新兴产业的发展离不开新一代信息技术产业的支持，而呼叫中心建设作为各行业及领域信息化的重要手段，也将迎来新的发展机遇。

综上，呼叫中心业务需求领域横纵发展，推动了整个呼叫中心行业规模的不断扩大。呼叫中心需求前景向好，企业规模增加。根据相关统计数据，截止到2019年底，国内呼叫中心中经营已成一定规模的企业数量约为2 200余家，较2018年的增长了16.8%，2010～2019年复合增长率达7.54%，截止到2020年第一季度，我国呼叫中心坐席规模达到244万个。预计在各行业线上业务的进一步发展和普及的吸引下，呼叫中心行业入局企业将持续保持增长。中国呼叫中心投资规模预测如图1-1所示。

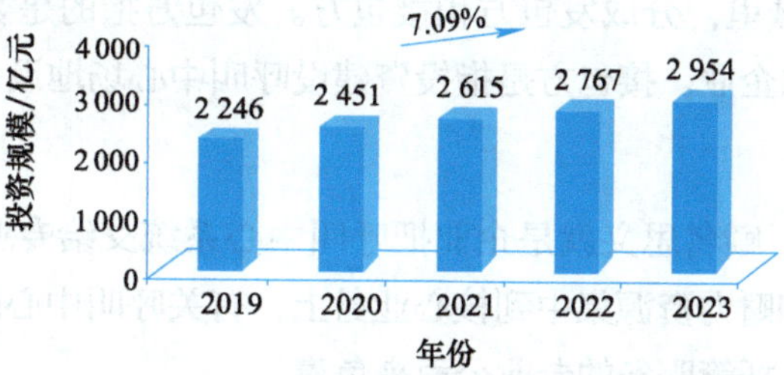

图1-1　2019～2023年中国呼叫中心投资规模预测

二、呼叫中心分类及应用

一般来讲，当中心拥有两个或两个以上专门进行人工服务的人员时，即可被认为是呼叫中心。从技术角度来看，系统拥有一个自动呼叫分配系统（ACD）模块或自动媒体分配系统（AMD）模块时，即可认为是呼叫中心。

呼叫中心从事人工服务工作的人员通常被称为客户服务代表（CSR）或业务代表、坐席代表。代表组成的小组被称为业务组或坐席组。一个呼叫中心可以由几百个甚至上千个业务代表组成。企业也可以根据需要非常经济地建立只有几个业务代表的小型呼叫中心。通常，50个坐席以下的呼叫中心为小型呼叫中心，51～200个坐席之间的呼叫中心为中型呼叫中心，200个坐席以上的呼叫中心则为大型呼叫中心。

1. 呼叫中心可以按不同的参照标准分成各种类型

① 按呼叫业务类型可分为呼入型呼叫中心、呼出型呼叫中心和混合型呼叫中心（既有呼入业务也有呼出业务）。

② 按呼叫中心之间的相关性可分为单点呼叫中心和多点呼叫中心。

③ 按采用的接入技术可以分成基于交换机的呼叫中心与非交换机的呼叫中心。

④ 按媒体形式可分为电话呼叫中心、IP呼叫中心、多媒体呼叫中心等。

⑤ 按功能分为资讯信息中心、售后服务中心、电话营销中心、信用卡中心等。

⑥ 按使用性质可分为自用型呼叫中心、外包型呼叫中心和ASP（应用服务提供商）型呼叫中心。这里ASP型是指租用别人的设备和技术，而坐席代表则是本公司的员工这一类型。

在实际中，更多的呼叫中心是根据应用和不同的情况与场合，同时将这些分类有机地结合在一起。

2. 呼叫中心的分类形态

在呼叫中心产业中，存在着自建、外包、托管及设备租赁等多种分类形态。

自建呼叫中心指的是企业投资建设呼叫中心，目的在于利用呼叫中心来开展自身业务，从始至终与其他机构无关。

在外包呼叫中心领域里，分成发包方和接包方。发包方指的是委托第三方全面管理或部分管理其呼叫中心业务的企业。接包方是指投资建设呼叫中心场地设备并为其他客户提供呼叫中心功能性业务的企业。

呼叫中心托管服务，顾名思义就是企业把呼叫中心系统交给专业公司来建设和管理。而企业自身把稀缺的人力和财力资源集中到核心业务上，有关呼叫中心的建设、维护、升级改进等工作都由提供呼叫中心托管服务的专业公司来负责。

呼叫中心设备租赁业务是指企业全部或部分租用第三方提供的呼叫中心系统设备及应用软件来构建呼叫中心，此呼叫中心设在客户方，租赁方按租赁时间付费给出租方，当合同结束时，租赁行为解除。

前两种形态在目前呼叫中心市场中占绝大份额，后两种形态仅仅在近几年才出现，规模较小。

3. 呼叫中心工作现场布局

呼叫中心工作现场的布局可以采用不同的方式，一般经常采用的是直线型呼叫中心现场（见图1-2）和集束型（也称岛型）呼叫中心现场（见图1-3）。一般来说，第三方专业的呼叫中心由于承接项目来自不同的公司，考虑到信息安全性及项目的独立性，往往会设置多个独立的集束型现场，方便独立管理，相互不影响，项目内部员工沟通也会比较便利。从管理者的角度出发，集束型呼叫中心视觉感也会比较强，便于管理。

图1-2　直线型呼叫中心工作现场

图1-3　集束型呼叫中心工作现场

4. 呼叫中心行业应用

目前国内应用呼叫中心的主要行业包括电信、金融（银行、保险、证券、基金）、邮政、物流、民航、电视购物、IT、消费电子、零售业、交通旅游、传媒、公共事业（电力、自来水及燃气）、烟草、石化、制造业、医疗卫生、统计调查、政府、电子商务和咨询服务等。呼叫中心的应用领域相当广泛，任何需要语音、数据通信，特别是那些把计算机网和通信网结合起来，完成基于语音、文字、视频等数据交换的系统都会用到呼叫中心。也可以简单理解为，每一个企业热线、400、800的服务号码后面都有一个呼叫中心在支持。

以下为呼叫中心的一些典型应用案例。

（1）电信业呼叫中心

这是中国呼叫中心产业快速发展的带动者，在整个呼叫中心市场中占有主要的份额，并且在过去的十几年中影响着整个呼叫中心市场的发展；从最早的112、114到现在的中国三大电信运营商：中国移动10086、中国联通10010、中国电信10000的客户服务号码都深入人心。同时，电信运营商也积极利用自身的客户资源，与其他商家合作，开展商业呼叫中心的服务，为社会提供包括信息查询、服务中介等业务。电信行业呼叫中心发展仍然左右着中国呼叫中心市场的格局及发展走向。

（2）金融业

这是仅次于电信业的呼叫中心应用第二大市场，主要包括银行、保险、证券和基金等四个分支行业。

银行：就金融业而言，呼叫中心在银行业的规模最为庞大和集中，应用得也最为成熟。国内四大国有商业银行的呼叫中心规模都在几千席以上。此外，几乎所有的商业银行都建起了软、硬件设施非常完备的呼叫中心，管理水平先进，其中很多呼叫中心是国内行业的标杆。银行因为对于客户数据安全性要求非常高，基本全部采用自建呼叫中心，在呼叫中心业务开展早期主要用于客户服务。国内银行除了利用呼叫中心提供服务外，也不断在尝试把呼叫中心从成本中心转变成利润中心。

保险：保险业应用呼叫中心，实现了保险业一年365天，每天24小时的无间断为客户提供服务的目的，大大提升了对来自全国各地、任何时间客户与工作人员的沟通效率，基本实现了为客户提供及时、有效、合理保险服务。另外以产品销售为导向的保险电销中心也是保险企业的重要营收来源。

证券和基金：随着通信技术和数据安全系统的不断升级，现在大多数证券基金交易将逐步以非现场交易为主，加之证券基金业各企业逐步意识到未来客户服务会成为继业绩、规模、人才团队竞争之后的又一重要竞争力方向，所以将大力投资CRM系统。呼叫中心作为CRM最主要的平台之一，可以有效地扩展服务能力，提升服务水平。

（3）零售电销

将使零售业从传统的柜台、会客室的客户接待方式转变为以计算机技术、网络技术、通信技术为基础的不受时间、地点、场合限制的高效率的自助服务、人机对话相结合的现代化服务体系。呼叫中心可以通过7×24小时的集中式服务，建立一个全新的在线商场，随时提供诸如商品咨询、日常订货受理、产品供应商热线、客户投诉等多方位的服务，达到留住老客户，发展新客户从而提高效益、增强竞争力的目的。因此发展呼叫中心是零售业服务手段革新的创举，必将产生较大的社会效益，同时也能带来良好的经济效益。

（4）物流行业

2005年，中国依据加入WTO的承诺全面开放物流市场，国际物流巨头已具备直接参与国内物流市场竞争的条件，国内外物流企业同台竞技的局面在所难免。激烈的竞争态势下，所有厂家都会不约而同地更加重视企业的客户服务。客户营销工作、呼叫中心对企业的重要性以及在企业内的地位会进一步得到提升。DHL、宅急送等呼叫中心是物流行业中的标杆。

（5）政府呼叫中心

这是利用有线、无线通信设备向公众、企业提供服务的机构，服务包括：与政府相关的咨询、投诉、查询等。把电话、传真与互联网进行有机结合的就是基于电子政务平台的政府呼叫中心。除政府热线呼叫中心之外，政府各职能部门有很多类似的业务需求，如工商管理局呼叫中心、物价监督局物价咨询呼叫中心、质量监督局呼叫中心、城管局呼叫中心、社会保障局社保呼叫中心、急救呼叫中心、国税局呼叫中心、地税局呼叫中心、市长热线、“12315”消费者投诉举报专线电话和全国互联网平台等。

（6）交通商旅呼叫中心

第一类是以民航、高铁为代表。例如，每个航空公司都建立了自己的电话订票系统和旅客俱乐部服务系统，每个机场都设立有相关旅客查询热线号码。12306铁路客服中心在每年的春运期间，每天都要接听上万通的客户咨询、查询电话。另一类是以携程、飞猪、途牛为代表的商旅电商服务平台，兼具订单预订、客户服务、电话销售等多种功能，每年为上百万的消费者提供旅游出行服务。

（7）电子商务

近些年中国的电子商务发展可以说是日新月异，从技术上看，作为一个综合服务平台，呼叫中心信息服务方式之于ISP信息服务方式更适用于电子商务的运作。除传统呼叫中心的语音服务外，在线客服、网店客服和新媒体客服也都为呼叫中心的未来发展提供了更多的机会。

三、客户服务价值

1．客户的定义

企业是为社会的需要而存在的，而客户则是社会需要的组成体，从经济意义的角度上分析，也可以说“客户”是社会需要的代名词。从广义上讲，在工作领域任何依赖你的人都可以是你的客户；从狭义上讲，客户是指那些直接从你的工作中获益的人或组织。

客户对于企业的重要性是不言而喻的。“水可载舟亦可覆舟”，满意的客户可以为企业带来利益和发展的机会；不满意的客户则会给企业带来危机。而且，这些不满意的客户还有可能成为企业竞争对手的满意客户。客户对企业满意度的高低，一方面关系着企业未来市场竞争力，另一方面也关系着企业产品策略的评判。

对于客户服务工作而言，客户可以分为两个层面：一是通过客户服务渠道（如电话、在线、新媒体等）获得服务和收益的最终端客户；二是对于外包型呼叫中心来说，为呼叫中心提供业务的发包方企业或组织。

2．客户的分类

在呼叫中心服务过程中，按照客户的表现，可以将客户分为如下三类型。

（1）要求型客户

这类客户对你所提供的产品或服务有直接的需求，较有主见、思路清晰、控制欲较强，通常会明确提出自己的想法和疑问。

（2）困惑型客户

这类客户对产品或服务的专业知识缺乏了解，对于某个问题不清楚或有误会，需要坐席代表为其解决或详细介绍。

（3）激动型客户

这类客户往往在使用产品或接受服务过程中感到不满意，情绪激动、急于表达自己的不满，需要客户服务人员的理解支持和解决问题，他们往往语速偏快、语调高挑，个别人还有会有不礼貌的表达。

出色的客户服务人员对于不同的客户会采取不同的方式，在同一个电话中客户的需求可能也会发生转变，为适应客户的变化，坐席代表需要具备良好的适应性、灵活性和较强的分析能力。对于客户来说，坐席代表通常是他们与公司接触的窗口。在客户的意识中，坐席代表不仅代表着自己，还代表着整个公司。从接听客户电话的那一刻起，坐席代表采取的沟通方法和满足客户需要及愿望的程度决定了客户对公司的满意度和忠诚度，最重要的是决定了是否会再次选择该企业的产品或服务。

3．客户的需求

客户有两种需求：个人需求和业务上的需求。分析及回应客户的这两种需求时要让客户知道你的理解、关心和负责，客户服务人员（CSR）要满足客户的合理需求，即为客户提供产品和服务。

（1）每个客户都有两种需求

每个客户都有两种需求：基本需求和业务需求。基本需求是不必通过语言表达出来的个人内在的需求。客户不会通过言语来要求，但CSR通过理解、关心的语言可以满足这种需求。业务需求是客户对公司业务的需求，即解决客户问题的需求。

优秀的CSR要先满足客户的基本需求，再满足其业务需求。

（2）满足客户的基本要求

基本需求包含3个方面的内容：被理解、被尊重和安全感。

客户需要客户服人员完全地理解他的处境和感受，匹配是一种使客户感到被理解的方法。

客户需要专业客户服务人员给予他们信心，让他们感到有安全感，让他放心坐席代表有能力解决问题。

（3）满足客户的业务需求

客户的基本需求满足以后，就该关注客户的业务要求了，也就是坐席代表经常说的："先解决情绪，再解决问题。"想要解决客户的业务问题，就先要理解客户为什么打电话来。大多数客户会马上告诉你他的需求，但有些客户的问题就需要客服人员进行有效提问和挖掘才能够真正得到解决。

4. 客户服务的价值

要做好客户服务，还需要进一步理解客户服务的价值，服务好客户才是企业持续发展的根本。

（1）客户创造了市场

企业时刻关注着客户，关注着客户的需求，针对客户的需求生产产品。只有真正迎合客户需求的产品，才会开拓出更大更好的市场。

（2）客户创造了未来

当产品是客户所需要的，客户自然会持续或大量购买，给企业带来赢利。

（3）客户创造了质量

当迎合客户需求的产品越来越多时，客户便开始关注产品的质量了。企业要为客户着想，通过改善自己的产品质量来打消客户的顾虑，赢得更多的客户。

（4）客户创造了机遇

在企业持续满足客户各种需求时，客户与企业之间便产生信任和依赖感，客户愿意主动为企业提供好的建议，愿意主动为企业提供商机。

（5）客户的利益观念

企业在为客户提供产品或服务的时候，要以客户为中心，急客户之所急、想客户之所想，赢得客户对企业的更多信任。

（6）优化服务，创造了客户

由于企业真正树立了良好的客户服务意识，为客户提供优质的客户服务，企业与客户之间就形成了良性互动的关系，互动自需求而始，以反馈而提升。因此，通过优化服务可达到创造客户的效果。

5．树立良好的客户服务意识

客户服务意识就是人们从事服务活动的主导思想，反映人们对服务活动的理性认知。

客户服务意识表现在全心全意地站在客户的立场，真心实意地为客户提供帮助、解决问题。

客户服务人员只有树立了良好的客户服务意识，才能真正地投入到服务工作中，在工作中真正理解客户的难处；从工作中享受到更多的乐趣；总结出更多的服务方法。只有树立良好的客户服务意识才能让客户满意。

正确树立良好的客户服务意识，应做到如下几点。

（1）以客户需求为导向

企业的一些服务工作开始都要以客户的需求为导向，客户服务工作的内容、标准也都是据此而规定的，这已经形成了共识。想要实现以客户需求为导向，首先应该了解客户的需求，然后分析客户需求，充分迎合并满足客户的需求。一般来说，客户的需求包括四大方面，把握好这个四个方面的需求，也就抓住了客户服务工作的重心，从而形成以客户需求为向导的服务意识和工作方式。

1）便利的需求。

没有一个客户不对便利产生好感。看看今天所有的企业，都是尽最大努力去优化自身的工作流程，增加更多的附加服务，延长工作时间，采取更为灵活的工作方式（例如，短信、自助服务、新媒体渠道等）提高工作效率，给客户带来更多的便利，节约客户的时间和成本，最终占有更大的客户资源和市场份额。呼叫中心在这一点上占据了优势，既可以大量节约客户的时间，同时也给客户带来很大的便利。

2）对价格的参与需求。

对价格确定过程的参与和了解是客户的第二大需求。互联网的快速发展与应用环境下，现在的人们比以往任何时候都更加容易了解到同一产品和不同厂商的价格等情况。通过互联网，客户可以在几分钟内知道某一商品价格和各个厂商的相关情况，如型号、价格、存量、存储地点、运输方式等。作为呼叫中心，因为它的运营成本比其他商品营销渠道的运营成本低，所以产品的价格自然也较低，这个会吸引很多的客户。

3）对专业信息的及时需求。

如前所述，几乎所有行业都被要求给客户提供及时的、标价明确的服务，如金融行业、航空订票系统、农业市场、酒店行业等。如果该行业不能提供及时准确的定价，客户很可能就走掉了，甚至去找企业的争对手。呼叫中心客户服务人员有责任为客户提供最专业的知识，让客户足不出户即可得到需要的信息。

4）对情感上获得理解和认同的需求。

要想提供卓越的客户服务，关键就是留住客户的心，也就是要满足客户的情感需求。只有满足了客户的情感需求，企业才能真正做到留住客户。通常，客户都有被赞赏、被同情、被认可、被尊重的情感诉求，客户服务工作也应该围绕这些方面精心地开展。

以上提到的客户需求，几乎在所有的客户服务中都必不可少，同时根据行业的不同，市场环境的不同客户的需求也会有多不同，为使客户满意，在了解客户的需求后，企业应该根据客户的需求，为客户提供个性化的服务。

（2）一切为了客户

企业要赢得市场和客户，就要实施客户满意的营销战略。首先要培养“一切为了客户”的理念，这至少包含如下三方面的内涵。

1）客户至上。

企业要把客户放在企业经营管理与营销战略的第一位，站在客户立场上研究、开发产品，预先把客户的“不满意”从设计、制造和供应过程中除去，使客户对企业产生心理认同感和归属感，进而产生客户满意的群体网络效应。

2）客户永远是对的。

这是客户满意服务战略的重要体现，其中包括三层意思：第一，客户是商品或服务的购买者，不是麻烦制造者；第二，客户最了解自己的需求、爱好，这恰恰也是企业最需要收集的信息；第三，由于客户“天然一致性”，同一个客户争吵就是同所有客户争吵。

3）从客户的角度考虑问题

要从客户的角度考虑问题，想客户之所想，急客户之所急。因此，企业要知道客户需要什么，根据客户的需要，重视客户的意见，让客户参与决策，不断完善产品服务体系，最大限度地使客户满意。

因此，任何企业在布置客户服务工作和制定部门规章制度之前，都应该充分了解影响客户购买和满意程度的各种因素，制订全面细致的服务方案。通过服务人员的积极实施，提供给客户满意的服务，满足客户购买期望值，最大限度地减少其后顾之忧，从而达到赢利的目的。因此，制定客户满意的服务战略，将产品质量和服务质量连为一体，树立“以客户利益为中心、客户满意为宗旨”的服务理念，是新型服务管理的灵魂，是以满足客户需求追求经济效益的经营思想的具体体现。

四、呼叫中心岗位职业能力分析

1．呼叫中心岗位概述

在我国，社会对呼叫中心从业人员的定位并不是很高，很多人认为坐席代表“不过就是一个接电话的”，甚至坐席代表的潜意识里也认同这种观点，对职业缺少认同感和归属感。其实，呼叫中心除了基层的客服岗位外，还有很多管理、技术型岗位。客户服务人员积累了丰富的工作经验后，就可以逐步实现岗位提升和晋级，实现自身的职业生涯发展。以下几个岗位比较适合初级呼叫中心从业人员。

（1）坐席代表

人们习惯把呼叫中心的工作人员称为客户服务代表，也叫坐席代表，意思是代表企业为客户提供服务的人。客户服务部门的坐席代表代表企业向客户提供服务，作为服务营销战略的重点，在客户数据资源的基础上，坐席代表要做的不仅是解答客户的疑问，提供简单的咨询、查询等信息传递的服务，还需要在此基础之上最大限度地发挥客户服务部门的作用，为客户提供如信息处理、营销等全方位的服务。通过对客户各种消费行为的统计与分析，对客户提供的各种信息进行总结和分析，为客户提供个性化的具有针对性的服务，为企业营销部门提供及时的有利的各种信息，辅助营销决策。

坐席代表属于工作压力较大的一个群体，在呼叫中心现场，每个人必须全神贯注，满足客户的合理需求，为客户提供支持和服务。

（2）呼叫中心培训岗位

坐席代表是呼叫中心的一线岗位，也是员工数量最多的岗位。但是除了呼叫中心岗位，呼叫中心还有其他部门和其他岗位。

培训部门是呼叫中心的重要部门之一，培训师也是呼叫中心最重要的岗位之一。呼叫中心的服务水平、服务质量、解决问题的效率等KPI指标都要通过培训来提升和改进。培训部门会根据呼叫中心坐席代表的工作绩效进行整体的绩效分析，针对存在的问题进行有针对性的业务培训，如客户服务礼仪、沟通技能、电话销售技巧以及投诉处理技巧等方面的培训。也会针对某个员工的问题进行个别辅导，帮助员工提升个人绩效，以达到提升整个项目的绩效指标的目的。

在呼叫中心内，培训师不仅承担着培训新员工的任务，同时也承担着在职员工的改善培训、业务更新培训以及基层管理干部的管理技能培训等任务。因此，培训岗位是呼叫中心不可缺少的、至关重要的岗位。

（3）呼叫中心质检岗位

质检部门在员工的KPI绩效上起着质量把关作用。除了通过每天、每一时期的运营绩效报表分析KPI之外，质检部门会对每天的录音进行分析。通过运营报表分析坐席代表的通话时长、通话数量等相关指标数据，通过对不合格录音分析员工的问题所在，质检部门需要每天把监控到的问题反馈给运营及培训部门，再由培训部门针对问题制订出有效的培训方案。

呼叫中心质检部门的职责如下。

① 创建和维护呼叫中心服务品质标准，建立呼叫中心的控制体系。

② 规划监控方式，制定监听评分标准，完成抽样监听及评分工作。

③ 监听坐席代表的通话，必要时给予指导。

④ 形成监听质量分析报告。

⑤ 提出培训需求，协助培训部检查培训效果。

⑥ 提出质量提升的建议及措施，提高呼叫中心绩效水平。

2．呼叫中心主要岗位职业能力要求（见表1-1～表1-12）

表1-1　呼叫中心呼入类坐席代表

<table>
<tr><td colspan="2">中文名称</td><td>呼叫中心呼入坐席代表</td></tr>
<tr><td colspan="2">英文名称</td><td>Contact Center Inbound Agent</td></tr>
<tr><td colspan="2">职位描述</td><td>呼叫中心中的一线岗位，主要接听客户来电，为客户提供公司相关业务的咨询、业务受理、售后支持以及投诉等</td></tr>
<tr><td rowspan="7">职位要求</td><td>基础方面</td><td>普通话标准；
熟练运用计算机及基本的Office软件；
掌握客户服务礼仪知识；
遵守行业职业道德规范</td></tr>
<tr><td>沟通方面</td><td>良好的电话沟通技巧；
良好的语言表达能力；
良好的团队协作能力</td></tr>
<tr><td>技术方面</td><td>熟练操作呼叫中心系统</td></tr>
<tr><td>管理方面</td><td>能对本组坐席代表的工作负责，保证本组人员的工作绩效，并能积极配合主管的工作，完成绩效目标</td></tr>
<tr><td>商务方面</td><td>能明确理解对方所咨询的问题，并提供相关服务支持；
良好的客户服务意识，具备一定的商务礼仪知识</td></tr>
<tr><td>行业方面</td><td>对行业及行业未来发展有一定认识</td></tr>
<tr><td>其他方面</td><td>具有在本行业的职业生涯规划意识</td></tr>
<tr><td colspan="2">工作职责</td><td>对已有客户的维护，为客户提供相关业务咨询；
为客户提供售后服务及支持；
针对不同的企业及业务工作职责会略有不同</td></tr>
<tr><td rowspan="3">发展路径</td><td>前序职位</td><td>无</td></tr>
<tr><td>后续职位</td><td>坐席代表班组长</td></tr>
<tr><td>相关职位</td><td>呼出坐席代表</td></tr>
</table>

表1-2　呼叫中心呼出类坐席代表

<table>
<tr><td colspan="2">中文名称</td><td>呼叫中心呼出坐席代表（电话销售）</td></tr>
<tr><td colspan="2">英文名称</td><td>Contact Center Outbound Agent</td></tr>
<tr><td colspan="2">职位描述</td><td>呼叫中心中的一线基础岗位，以电话外呼的方式进行企业客户的联络、维护以及销售活动</td></tr>
<tr><td rowspan="7">职位要求</td><td>基础方面</td><td>普通话标准；
熟练运用计算机及基本的Office软件；
掌握客户服务礼仪知识；
具备基本的销售知识及技能</td></tr>
<tr><td>沟通方面</td><td>良好的电话销售技巧；
良好的语言表达能力；
良好的团队协作能力</td></tr>
<tr><td>技术方面</td><td>熟练操作呼叫中心系统</td></tr>
<tr><td>管理方面</td><td>能对本组坐席代表的工作负责，保证本组人员的工作绩效，并能积极配合主管的工作，完成绩效目标</td></tr>
<tr><td>商务方面</td><td>能正确掌握产品知识，能够准确介绍产品知识，满足客户要求；
良好的客户服务意识，具备一定的商务礼仪知识</td></tr>
<tr><td>行业方面</td><td>乐于从事挑战性的工作，喜欢电话销售工作</td></tr>
<tr><td>其他方面</td><td>具有在本行业的职业生涯规划意识</td></tr>
<tr><td colspan="2">工作职责</td><td>通过电话，完成对新客户/老客户的维护，进行产品销售；
掌握销售进度，正确记录客户信息；
完成销售目标并达成各项绩效考核标准</td></tr>
<tr><td rowspan="3">发展路径</td><td>前序职位</td><td>无</td></tr>
<tr><td>后续职位</td><td>电销主管</td></tr>
<tr><td>相关职位</td><td>呼入坐席代表</td></tr>
</table>

表1-3　呼叫中心班组长

中文名称		呼叫中心班组长
英文名称		Contact Center Team leader
职位类别		管理
职位描述		呼叫中心中的一线管理岗位，主要从事呼出坐席代表或呼入坐席代表的日常工作，并对本组坐席代表的日常工作进行管理和负责
职位要求	基础方面	普通话标准； 善于学习新知识； 掌握客户服务礼仪知识； 遵守行业职业道德规范
	沟通方面	良好的电话沟通技巧； 良好的团队协作能力
	技术方面	熟练操作呼叫中心系统
	管理方面	能积极配合班组长及主管的工作，完成绩效目标
	商务方面	具有良好的语言表达能力； 能明确理解对方所咨询的问题，并提供相关服务支持； 具备一定的销售知识及销售技巧
	行业方面	对行业及行业未来发展有一定认识
	其他方面	具有在本行业的职业生涯规划意识
工作职责		对已有客户的维护，为客户提供相关业务咨询； 为客户提供售后服务及支持； 负责管理本组坐席成员的日常工作，保证绩效目标； 针对不同的企业及业务工作内容会略有不同
发展路径	前序职位	呼叫中心坐席代表
	后续职位	呼叫中心运营主管
	相关职位	呼叫中心培训师、质检专员、排班师

表1-4 呼叫中心质检专员

中文名称		呼叫中心质检专员
英文名称		Contact Center Quality Assurance
职位类别		技术
职位描述		通过对呼叫中心坐席代表的录音、在线交流记录的检测，做好质量控制规范，保证呼叫中心的客户服务质量
职位要求	基础方面	熟练计算机操作，熟练运用常用的办公软件； 良好的客户服务意识，敏锐的观察力和判断力； 较强的书面表达能力和基本的英语阅读能力； 遵守行业职业道德规范
	沟通方面	良好的人际沟通能力； 团队合作精神
	技术方面	熟练操作呼叫中心系统； 熟练运用数据分析工具
	管理方面	能积极配合质检主管及运营主管，保证运营部门的服务质量
	商务方面	具有基本的英语阅读能力
	行业方面	从事过呼叫中心客服工作者优先
	其他方面	积极主动、上进心强
工作职责		抽查服务案例（包括客服电话录音、在线及邮件沟通记录），并对被抽查坐席代表的表现进行客观的评估和记录； 将抽查案例中的问题进行通报、整改，确保服务质量； 对质检结果做出相应的日报、周报，并提出合理化建议； 配合部门经理将质检情况纳入员工业绩考核指标中
发展路径	前序职位	呼叫中心坐席代表
	后续职位	呼叫中心质检主管
	相关职位	呼叫中心培训主管、培训师

表1-5　呼叫中心运营主管

中文名称		呼叫中心运营主管
英文名称		Contact Center Agent Supervisor
职位类别		管理
职位描述		处理呼叫中心的日常管理工作，并对班组长的工作负责，与班组长配合做好呼叫中心的运营现场监控，确保运营现场有序运营
职位要求	基础方面	良好的语言表达能力； 持续学习新知识的能力； 掌握客户服务礼仪知识； 遵守行业职业道德规范
	沟通方面	较强的组织协调能力； 优秀的沟通能力； 良好的团队合作能力
	技术方面	熟练操作呼叫中心系统； 熟悉电话服务及电话销售流程
	管理方面	管理下属班组长及坐席团队，配合项目经理做好呼叫中心的现场监控，达成绩效目标
	商务方面	具备基本的谈判技巧； 熟悉电话服务及电话营销模式； 具有基本的英语阅读、口语交流能力
	行业方面	具备二年以上呼叫中心行业经验
	其他方面	良好的敬业精神和责任感，能承受较大的工作压力
工作职责		负责呼叫中心现场管理及团队建设； 不断完善服务标准及服务流程，不断提高员工服务意识和水平； 与各部门沟通良好，督促执行呼叫中心的各项规章制度； 组织团队达成绩效或销售目标
发展路径	前序职位	呼叫中心坐席班组长
	后续职位	呼叫中心运营经理
	相关职位	呼叫中心培训师、质检主管、排班师

表1-6 呼叫中心质检主管

中文名称		呼叫中心质检主管
英文名称		Contact Center Quality Assurance Supervisor
职位类别		技术
职位描述		负责质检部门的管理工作，组织实施呼叫中心的质量控制工作，制定质量规范体系，保证呼叫中心的客户服务质量
职位要求	基础方面	熟练计算机操作，熟练运用常用的办公软件； 良好的客户服务意识，敏锐的观察力和判断力； 较强的书面表达能力； 遵守行业职业道德规范
	沟通方面	良好的人员引导能力； 良好的人际沟通能力； 良好的团队建设能力
	技术方面	熟练操作呼叫中心系统； 熟练运用呼叫中心常用的软件； 敏锐的数据分析能力
	管理方面	做好质监部门的质量控制工作，协助培训部门制订培训计划
	商务方面	具有基本的英语阅读能力
	行业方面	具备呼叫中心质检部门的相关经验
	其他方面	责任感强，细心，能承受一定的工作压力
工作职责		定期进行服务质量监控校准，保证质检员对监控标准理解的一致性； 协助运营部门制定呼叫中心质量控制体系及规范； 协助运营部门制订呼叫中心各岗位KPI； 负责质检部门的管理工作； 通过报表分析结果，指导部门提出改进建议和方案； 对监控结果进行分析与评估，协助培训部门制定培训方案
发展路径	前序职位	质检专员
	后续职位	呼叫中心项目经理
	相关职位	呼叫中心培训师、培训经理

表1-7　呼叫中心数据分析师

中文名称		呼叫中心数据分析师
英文名称		Contact Center Data Analyst
职位类别		技术
职位描述		负责呼叫中心业务数据收集、分析与整理，提供分析报告，为相关决策提供数据支持，制订数据质量KPI，为销售或服务提供支持或建议
职位要求提供	基础方面	具有数据处理能力，有一定的数据敏感性； 较强的逻辑思维能力和归纳分析能力； 良好的职业道德规范
	沟通方面	良好的语言表达能力； 优秀的沟通能力； 良好的团队合作能力
	技术方面	精通Excel、Access、SPSS等基本的数据处理软件； 精通PPT工具应用
	管理方面	配合项目经理、运营经理的整体运营的运营指标，提供数据支持，完成整体的绩效目标
	商务方面	具有一定的作报告、演讲能力； 具有基本的英语阅读、口语交流能力
	行业方面	具备呼叫中心、市场调研、数据挖掘等工作经验； 具备数学、统计学等相关专业背景知识
	其他方面	良好的敬业精神和责任感，能承受较大的工作压力
工作职责		负责呼叫中心业务数据收集与整理，对多种数据源进行组合分析挖掘，日常运营数据分析模式的建立； 分析数据，对业务需求进行完整真实描述； 提供分析报告，为运营决策、产品方向、销售策略提供数据支持； 制订数据质量KPI，为相关部门提供KPI标准及支持； 呼叫中心信息库规划、建立及完善
发展路径	前序职位	质检专员、质检主管、数据分析、数据挖掘等相关职位
	后续职位	呼叫中心项目经理、呼叫中心运营经理
	相关职位	呼叫中心质检主管、质检专员、运营主管

表1-8 呼叫中心排班师

中文名称		呼叫中心排班师
英文名称		Contact Center Schedule Specialist
职位类别		管理
职位描述		根据呼叫中心的运营指标安排合理的人员，科学化、合理化的排班
职位要求提供	基础方面	具有数据处理能力，有一定的数据敏感性； 较强的逻辑思维能力和归纳分析能力； 了解呼叫中心的基本构架与运营知识
	沟通方面	良好的语言表达能力； 优秀的沟通能力； 良好的团队协作能力
	技术方面	精通呼叫中心排班软件； 精通计算机及常用办公软件操作； 精通数据统计工具
	管理方面	良好的现场管控能力，配合项目经理、运营经理达成整体的运营绩效目标
	商务方面	具有一定的作报告、演讲能力； 具有基本的英语阅读、口语交流能力
	行业方面	具备2年呼叫中心工作经验
	其他方面	良好的敬业精神和责任感，能承受较大的工作压力
工作职责		负责呼叫中心话务预测、人力安排及现场调度； 根据话峰值，调控各班次人员分布以适应话务需求； 根据话务量、人员规模和服务水平，提供人力资源需求报告； 完成综合工时利用率、话务峰值及话务量预测报表
发展路径	前序职位	呼叫中心班组长
	后续职位	呼叫中心项目经理、呼叫中心运营经理
	相关职位	运营主管

表1-9　呼叫中心培训师

中文名称		呼叫中心培训师
英文名称		Contact Center Trainer
职位类别		技术
职位描述		负责呼叫中心的培训课程开发及坐席代表培训
职位要求提供	基础方面	良好的书面表达能力； 熟练制作计划和各种文档； 较强的授课能力； 良好的行业职业道德意识
	沟通方面	良好的口头表达和交流沟通能力； 较好的亲和力和感染力
	技术方面	熟练使用Excel、Word、PowerPoint，Visio等常用办公软件及熟悉呼叫中心常用业务软件； 较强的研发和分析能力，具备独立开发培训课程的能力
	管理方面	能配合培训部经理以及运营部门做好培训计划及培训课程，达成呼叫中心的整体绩效目标
	商务方面	具有良好的演讲能力； 具备良好的创新意识和实践能力
	行业方面	具有呼叫中心工作经验，了解培训工作内容
	其他方面	在开发课程方面有自己独特的见解，具有创新意识； 能承受一定的工作压力，敬业有责任感
工作职责		协助培训部门经理做好培训工作的开展； 完成上级布置的具体培训任务； 完成部门的培训课程研发计划； 呼叫中心培训需求调查； 完成培训的结果评估
发展路径	前序职位	呼叫中心坐席代表
	后续职位	呼叫中心培训经理、呼叫中心项目经理、呼叫中心运营经理
	相关职位	运营主管、质检主管

表1-10 呼叫中心培训经理

中文名称		呼叫中心培训经理
英文名称		Contact Center Trainer Manager
职位类别		管理
职位描述		负责呼叫中心培训部门的管理及整个呼叫中心的培训计划制订与实施
职位要求提供	基础方面	精通培训工具； 精通办公软件，具备独立制作文档的能力； 具备一定的管理经验
	沟通方面	优秀的口头表达和交流沟通能力； 较强的亲和力和感染力； 优秀的文字语言能力和表达能力
	技术方面	熟练使用Excel、Word、PowerPoint，Visio等常用办公软件及熟悉呼叫中心常用业务软件； 较强的研发和分析能力，具备独立开发培训课程的能力
	管理方面	具备管理经验，能带领培训部门制订长期培训规划
	商务方面	具有良好的演讲能力； 能与各部门良好沟通，进行培训需求调研； 具有一定的英语阅读和沟通能力
	行业方面	具备呼叫中心培训管理工作经验，熟悉行业培训发展需求
	其他方面	在开发课程方面有自己独特的见解，具有创新意识、思维敏捷； 能承受一定的工作压力，敬业有责任感
工作职责		制定培训部门的培训制度和培训流程； 负责完成客户服务部门、质检部门、培训部门的沟通； 审核培训课程和培训教材； 定期向相关部门提供培训报告、反馈、培训效果评估报告； 跟进培训效果，对培训部门工作进行改进
发展路径	前序职位	呼叫中心培训师
	后续职位	呼叫中心运营经理
	相关职位	呼叫中心运营主管、质检主管、项目经理

表1-11　呼叫中心项目经理

中文名称		呼叫中心项目经理
英文名称		Contact Center Project Manager
职位类别		管理
职位描述		负责呼叫中心运营部项目的调研、分析、实施
职位要求提供	基础方面	思维敏捷，快速学习能力强； 较强的分析问题和解决问题的能力
	沟通方面	优秀的语言表达和交流沟通能力； 较强的团队精神和团队建设能力
	技术方面	熟练使用Excel、Word、PowerPoint，Visio等常用办公软件及熟悉呼叫中心常用业务软件； 精通呼叫中心项目成本核算
	管理方面	具备管理经验，较强的现场管理经验及对外包商的管理能力
	商务方面	具有一定的谈判能力； 能适应出差（根据不同公司业务内容情况而定）
	行业方面	具备呼叫中心项目管理经验
	其他方面	具有创新意识、思维敏捷； 对电子商务有清晰的认识
工作职责		完成各类项目的执行，数据调取、项目分析、与呼叫中心执行人员沟通； 执行过程中管控进度、质量，与客户沟通及协调项目运作过程中情况； 保证项目执行结果达到或超过既定指标，控制成本并合理调配资源以保证项目利润； 负责市场调研分析，同时协调内部项目开发和沟通，参与项目业务规划和推动方案的制订
发展路径	前序职位	呼叫中心运营主管
	后续职位	呼叫中心运营经理
	相关职位	呼叫中心培训经理

表1-12　呼叫中心运营经理

中文名称		呼叫中心运营经理
英文名称		Contact Center Operation Manager
职位类别		管理
职位描述		负责呼叫中心整个运营部的日常管理及运营
职位要求提供	基础方面	思维敏捷，较强的学习能力和解决复杂问题的能力； 较强的分析问题和解决问题的能力； 认真、敬业、责任心强
	沟通方面	优秀的语言表达和沟通协调能力； 具有较强团队领导，擅于激励
	技术方面	熟悉呼叫中心常用业务软件； 熟悉呼叫中心质检、培训、数据分析等相关业务内容
	管理方面	具备管理经验，优秀的团队管理经验与项目管理经验
	商务方面	具有一定的商务谈判能力； 具备商务礼仪知识； 具有一定的销售能力和客户导向意识
	行业方面	具备呼叫中心大型团队管理经验
	其他方面	具有创新意识、思维敏捷； 能承受压力及攻克目标
工作职责		负责提升客户服务中心的运营能力，监控运营质量，建立与客户的良好关系，并通过呼叫中心业务监督质量规范，密切关注客户需求变化； 负责呼叫中心的成本控制和资源有效利用； 呼叫中心运营部的整体管理工作与整体绩效考核； 带领团队完成呼叫中心运营绩效指标； 收集呼叫中心各项数据，为公司决策提供依据
发展路径	前序职位	呼叫中心项目经理、呼叫中心培训经理
	后续职位	无
	相关职位	呼叫中心培训经理

五、呼叫中心从业人员职业要求

呼叫中心从业人员是呼叫中心的重要组成要素，也是呼叫中心的核心。客户服务人员每天在一线与客户接触，其表现出来的服务品质、服务精神也都通过呼叫中心平台传递给客户，所以企业要对从业人员进行必要的职业素养和职业能力的培训，提升其服务观念与素质，满足客户千变万化的需求。

1．呼叫中心从业人员的职业道德

职业道德就是人们在进行职业活动的过程中，一切符合职业要求的心理意识、行为准则和行为规范的总和。它是一种内在的、非强制性的约束机制，是用来调整职业个人、职业主体和社会成员之间关系的行为准则和行为规范。

职业道德不仅是从业人员在职业活动中的行为标准和要求，也是本行业对社会所承担的道德责任和义务。职业道德是社会道德在职业活动中的具体化。

每个从业人员，不论是从事哪种职业，在职业活动中都要遵守职业道德。如教师要遵守教书育人、为人师表的职业道德；医生要遵守救死扶伤的职业道德；而呼叫中心从业人员应遵守的职业道德是服务至上、客户为先，用优质的服务、不断创新的精神，追求最高的客户满意度。

《中华人民共和国公民道德建设实施纲要》中明确指出：“要大力倡导以爱岗敬业、诚实守信、办事公道、服务群众、奉献社会为主要内容的职业道德，鼓励人们在工作中做一个好建设者。”因此，我国现阶段各行各业普遍适用的职业道德的基本内容，即“爱岗敬业、诚实守信、办事公道、服务群众、奉献社会”。

（1）爱岗敬业

爱岗就是热爱自己的工作岗位，热爱本职工作。敬业就是用一种严肃的态度对待自己的工作，勤勤恳恳、兢兢业业、忠于职守、尽职尽责。热爱本职就是客户服务人员以积极的态度对待客户服务工作岗位，努力培养热爱客户服务工作的幸福感、荣誉感。一个人一旦爱上了自己的职业，他的身心就会融入职业工作中，就能在平凡的岗位上，做出不平凡的事业。

（2）诚实守信

诚实守信是为人处世的一种美德。诚实就是忠诚老实，不讲假话。诚实的人能忠实于事物的本来面目，不歪曲、不篡改事实，同时也不隐瞒自己的真实思想，光明磊落、言语真切、处事实在。守信就是信守诺言、说话算数、讲信誉、重信用。诚实守信不仅是做人的准则，也是做事的基本准则。诚实是我们对自身的一种约束，履行自己承担的义务。作为呼叫中心从业人员，也要做到讲信誉、守信用，不但自身要遵守社会公德，也要维护企业的社会形象。

（3）办事公道

办事公道是指从业人员在办事情、处理问题时，要站在公正的立场上，按照同一标准和同一原则办事的职业道德规范。客户服务人员在日常工作中偶尔会面临即席判断的情况，此时需要保持公正的立场，忠实于实际情况，不以个人好恶作判断。

（4）服务群众

服务群众就是为社会大众服务。它明确了呼叫中心从业人员的职业与社会大众的关系，明确了工作的主要服务对象是社会大众，明确了应当依靠社会大众，时时刻刻为大众着想，急大众所急、忧大众所忧、乐大众所乐。呼叫中心从业人员主要面对的就是社会大众，要做到尊重客户、真心对待、认真做好工作中的每一件事。

（5）奉献社会

奉献就是不期望等价的回报和劳动，愿意为他人、为社会或为真理、为正义献出自己的力量，包括宝贵的生命。奉献社会不仅要有明确的信念，而且要有崇高的行动。奉献社会是一种人生境界，是一种融在一生事业中的高尚人格。与爱岗敬业、诚实守信、办事公道、服务群众这四项规范相比较，奉献社会是职业道德中的最高境界，同时也是做人的最高境界。

爱岗敬业、诚实守信是对呼叫中心从业人员职业行为的基础要求，是首先应当做到的。做不到这两项要求，就很难做好工作。办事公道、服务群众比前两项要求高了一些，需要有一定的道德修养做基础。奉献社会则是这些要求中最高的境界，个人只要达到一心为社会做贡献的境界，他的工作就一定能做得很好，也一定会得到社会的承认。

2. 呼叫中心从业人员的基本职业意识

职业意识是指人们对职业的认识、意向以及对职业所持的主要观点。职业意识的形成不是突然的，而是经历了一个由幻想到现实、由模糊到清晰、由摇摆到稳定、由远至近的发展过程。呼叫中心从业人员的职业意识包括以下内容。

（1）客户服务意识

客户服务是全面的、深入履行现代市场营销观念的有效方式之一。现代营销学观念，已经从以生产产品为中心的生产观念转变到以满足客户需求为中心的客户服务观念和大客户服务观念。在此，客户的需求已经变成了企业经营活动中的核心问题。

呼叫中心坐席代表在工作过程中要牢记“客户是最重要的”“为客户尽快解决问题”，努力地去发现客户的需求并满足这些需求；具有积极热情的服务意识并尽可能满足客户的期望。

（2）团队合作意识

呼叫中心是一个相对集中的场所，一项工作的完成是很多人共同协作的结果，所以需要从业人员积极主动地做好团队中自己的工作；及时提出有利于企业发展的合理化建议；尊重和服从领导，关心与爱护同事；开展有效、健康的部门及同事之间的合作竞争，互为平台、互通商机、共同进步。同时必须保守团队的商业秘密。

（3）学习意识

呼叫中心从业人员要有对工作相关的知识精通了解、扩展和利用的渴望，或者拥有指导他人有关工作的知识和技能；自主学习人力资源业务知识和技术知识；熟练操作、运用计算机，熟悉办公自动化软件；具备独立工作和解决问题的能力，为以后的职位晋升做好准备。

（4）保密意识

保障客户信息的安全是呼叫中心从业人员的基本准则，是从事客户服务工作的法律底线，也是呼叫中心企业生存发展的生命根源。呼叫中心从业人员在工作中接触到的相关客户的合同、委托项目的目标/内容、产品/服务细节、用户资料、策略和促销计划、企业的内部网络结构、设备、技术参数等信息都属于信息保密范畴。

案例

基本案情：

利用工作便利获取大量客户信息，然后出售给他人获利，这伙人触犯法律获刑！这些人主要来自湖南，共17人，年龄最大的41岁，最小的才23岁，其中两名是在读大学生。

2017、2018两年间，陈某、黄某、覃某及在实习期的陈某威、李某利用在金融公司、咨询公司等单位工作或实习的便利，将客户姓名、身份证号码、联系方式等信息出售给他人获取利益，覃某获利最多，违法所得达47万余元；邓某等12名被告人则通过网络等方式将从他人处获得的包含姓名、身份证号码、联系方式等内容的公民个人信息再次出售倒卖，先后获利5 000余元至34万余元不等。

法院裁判：

法院经审理后认为，陈某等17名被告人违反国家法律，将在履行职责过程中获得的或从他人处购得的公民信息出售给他人，其行为均已构成侵犯公民个人信息罪。

2019年3月25日上午，宜兴法院对这17人进行了公开宣判。法院依法判处陈某等17名被告人拘役2个月至有期徒刑5年不等，并处罚金人民币1万元至60万元不等。

法官提醒：

侵犯公民个人信息罪是指以窃取或者其他方法非法获取国家机关或者金融、电信、交通、教育、医疗等单位在履行职责或者提供服务过程中获得的公民个人信息，出售或者非法提供给他人的，情节严重的行为。根据刑法规定，犯本罪的，处3年以下有期徒刑或者拘役，并处或者单处罚金；情节特别严重的，处3年以上7年以下有期徒刑，并处罚金。

法官表示，小部分人为追逐不法利益，利用职务之便非法获取公民个人信息，利用网络大肆买卖公民个人信息，这些行为不仅严重危害公民信息安全，而且极易引发其他犯罪，成为电信诈骗、网络诈骗等犯罪的根源，甚至会与绑架、敲诈勒索、暴力追债等犯罪活动相结合，影响人民群众的安全，破坏社会和谐，必须予以严惩。

（5）主动性

主动性是指在工作中，相对于别人的要求，自己主动做更多工作或自愿做更多工作，在发生的事件要求采取行动之前就主动采取措施，发现或创造新的机会。

（6）灵活性

这是指一个人在不同环境下，与不同个人或团体工作时表现出的适应环境变化的能力。灵活性表现为一个人理解并重视事物的不同变化，使自己适应和有效工作于多样化的环境、个体和团体中，可以依照情况来应变做事的方式，或易于接受变化。例如，在与客户的通话中，不要一开始就强行引导客户，应该先去适应客户的语言习惯、沟通方式，是改变还是引导客户的想法，这也正是呼叫中心的服务宣言，要求客户服务人员做到“倾听、倾谈、倾情服务”。

3．呼叫中心从业人员职业技能要求（《呼叫中心客户服务与管理职业技能等级标准》）

（1）职业技能等级划分

呼叫中心客户服务与管理职业技能分为三个等级：初级、中级、高级，三个级别依次递进，高级别技能要求涵盖低级别技能要求。

呼叫中心客户服务与管理（初级）：主要职责包括能根据业务的需要，完成呼入、呼出、电话销售及投诉处理等客户接待与业务受理工作。

呼叫中心客户服务与管理（中级）：主要职责包括能根据业务的需要，针对呼叫中心坐席代表、服务质量、服务水平等进行有效的甄别和管理；能够为一线坐席提供必要的辅导和培训。

呼叫中心客户服务与管理（高级）：主要职责包括能根据业务的需要，对呼叫中心业务数据进行整理、分析和运用；能够有效对运营过程的流程、绩效、人员、成本等各个环节进行有效的控制、改进和管理。

（2）职业技能等级要求描述，见表1-13～表1-15

表1-13　呼叫中心客户服务与管理职业技能等级要求（初级）

工作领域	工作任务	职业技能要求
1. 呼入客户服务	1.1　客户有效沟通	1.1.1　能够通过倾听、提问、有效引导等沟通技巧，理解客户的真正需求
		1.1.2　能够迅速归纳总结客户的诉求重点，管理客户期望值，与客户达成协议
		1.1.3　能够结合产品知识为客户提供解决方案
		1.1.4　能够掌握咨询、查询、受理等呼入业务处理流程

（续）

工作领域	工作任务	职业技能要求
1. 呼入客户服务	1.2 优质语音服务	1.2.1 能够运用客户服务礼仪，使用礼貌用语
		1.2.2 能够掌握吐字发音技巧，使用普通话为客户提供语音服务
		1.2.3 能够熟练掌握客户服务常用语，能够做到专业化的服务表达
		1.2.4 能够保持良好心态为客户提供微笑服务
	1.3 系统操作	1.3.1 能够正确使用呼叫中心业务平台，能够熟练运用系统进行搜索、查询及电话系统操作
		1.3.2 能够掌握准确、快速的打字方法，听打录入速度能达到50字/分钟（含汉字、数字及特殊标点符号）
		1.3.3 能够用简短的文字准确描述客户的主要问题及处理意见
		1.3.4 能够根据业务类型选择正确的工单分类及反馈渠道
2. 呼出客户服务	2.1 外呼准备	2.1.1 能够熟练掌握业务流程
		2.1.2 能够根据当前客户编写话术脚本
		2.1.3 能够合理安排外呼时间
	2.2 电话外呼	2.2.1 能够根据业务类型与外呼客户进行有效沟通
		2.2.2 能够准确运用产品及业务知识、业务流程处理客户问题
		2.2.3 能够根据不同业务提供解决方案
	2.3 结果记录及反馈	2.3.1 能够运用核对技巧准确记录客户信息
		2.3.2 能够准确地用文字描述客户主要问题及处理意见
		2.3.3 能够根据业务类型选择正确的反馈渠道
3. 在线客户服务	3.1 产品知识运用	3.1.1 能够准确地掌握产品基本信息，包括品名、属性、包装、重量等信息
		3.1.2 能够掌握产品的具体使用方法，并给与客户指导
		3.1.3 能够快速总结归纳产品特点和卖点，有效地介绍产品
		3.1.4 能够针对客户提出的问题结合产品知识进行推荐
	3.2 客户接待	3.2.1 能够熟练使用计算机及沟通工具
		3.2.2 能够掌握在线客户服务的服务规范、服务技巧及平台规则
		3.2.3 能够迅速了解客户需求，有效引导客户需求
		3.2.4 能够运用在线客服KPI指标进行自我管理
	3.3 订单促成	3.3.1 能够了解客户心理，并提供最佳方案
		3.3.2 根据客户需求推荐匹配产品或服务
		3.3.3 能够合理处理客户异议
		3.3.4 能够有效管理客户期望值并提供超值服务

（续）

工作领域	工作任务	职业技能要求
4. 电话销售	4.1 销售前准备	4.1.1 熟悉电话销售的一般流程
		4.1.2 能够在电话中给客户建立良好的印象
		4.1.3 能够掌握一般的销售技巧、产品知识、话术脚本
		4.1.4 能够了解客户对于产品性能形态等各个方面的需求与期望
	4.2 产品推荐销售	4.2.1 能够通过有效倾听提问获得客户的潜在需求信息
		4.2.2 能够熟练运用销售技巧、异议处理技巧妥善处理客户提问和异议
		4.2.3 能通过话术脚本的执行和各种促销手段的落实完成销售任务
		4.2.4 能够有效管理客户期望值
	4.3 工单记录反馈	4.3.1 能够准确地用文字描述客户的主要问题及处理意见
		4.3.2 能遵守销售规定，准确核实信息，生成订单，确保订单正确
		4.3.3 能够根据本次通话情况合理制订跟进计划

表1-14　呼叫中心客户服务与管理职业技能等级要求（中级）

工作领域	工作任务	职业技能要求
1. 投诉管理	1.1 客户诉求记录	1.1.1 能够准确快速了解客户的投诉原因并对原因进行深入分析
		1.1.2 能够熟练掌握公司产品知识及常见问题处理方法
		1.1.3 能够针对客户提出的投诉问题进行准确记录
	1.2 情绪管控	1.2.1 具备良好的服务意识和投诉处理技巧，有效化解客户疑问
		1.2.2 能够积极应对客户情绪，并进行有效管理
		1.2.3 面对客户投诉时具备较好的压力承受能力并能进行自我调节缓解工作压力
	1.3 投诉解决	1.3.1 能够掌握客户投诉处理的一般规则和处理方式
		1.3.2 能够运用同理心让客户感受到企业对于客户的关心和重视，提出客户乐于接受且不损害企业利益的解决方案
		1.3.3 能够针对客户反映的问题灵活处理异议，对投诉未能一次解决的客户要及时提交上级，并能按承诺回复客户
		1.3.4 能够对相应的投诉问题进行整理归纳，形成固定的投诉处理话术
	1.4 客户回访	1.4.1 能够准确分析客户反馈意见并记录
		1.4.2 能够针对反馈信息进行有效客户关系管理
		1.4.3 能够针对客户反馈信息进行二次开发

（续）

工作领域	工作任务	职业技能要求
2. 服务质量检查与控制	2.1 录音监听	2.1.1 能够熟练操作录音系统设备、业务平台系统等
		2.1.2 能够按质检工作流程完成日常检测任务
		2.1.3 能够准确客观地进行录音评定
		2.1.4 能够精准描述录音评语
		2.1.5 能够严格按照质检标准进行监测
		2.1.6 能够合理运用多种录音监听方法进行监控
	2.2 录音分析	2.2.1 能够掌握质检规则和业务知识系统操作要求
		2.2.2 能够结合客户服务标准进行服务质量分析
		2.2.3 能够结合客户反馈提出产品优化建议
		2.2.4 能够根据KPI指标分析指标达成/未达成原因
		2.2.5 能够结合客户反馈提出业务流程修改建议
	2.3 问题反馈及辅导	2.3.1 能够掌握迅速归纳整理问题的能力
		2.3.2 能够全面分析问题，制定有效的改进措施，并跟踪改进措施的实施效果，完善质量监控评估体系
		2.3.3 能够结合录音分析结果进行员工辅导，共同制定改进目标，并跟进监督
		2.3.4 能够按照汇报要求及时准确地提交质检报告
	2.4 培训课程制作	2.4.1 能够掌握业务知识和系统操作，并梳理培训内容
		2.4.2 能够及时总结坐席代表的常见问题制作为 FAQ
		2.4.3 能够完成培训资料、培训课件的制作
		2.4.4 能够结合培训需求选择恰当的培训方式
	2.5 培训实施	2.5.1 能够具备较强的表达能力、现场感染力和亲和力
		2.5.2 能够采用多种形式调动学员的积极性
		2.5.3 能够与学员进行恰当的互动沟通
3. 坐席管理	3.1 现场管理	3.1.1 能够熟练运用监控系统并结合排班进行考勤管理
		3.1.2 能够具备良好的沟通技巧，做好各部门间的工作协调
		3.1.3 能够熟练掌握运用各项预案妥善处理突发事件
		3.1.4 能够严格执行现场管理制度，维持工作秩序和员工工作效率
		3.1.5 能够及时发现、总结和传递客户服务的危机事件并及时报送上级领导
		3.1.6 能够定期收集、整理和分析客户投诉意见，形成有效的改善建议后进行汇报

（续）

工作领域	工作任务	职业技能要求
3. 坐席管理	3.2 数据监控与干预	3.2.1 能够正确使用业务系统提取员工效率及工作质量的相关数据
		3.2.2 能够根据数据监控系统反馈进行现场人员管理
		3.2.3 能够熟练掌握关键绩效指标的定义、计算方法和影响因素
		3.2.4 能够熟练运用各项指标的关联特性，及时调整员工工作状态，确保KPI达成
	3.3 员工辅导	3.3.1 能够具备良好的表达能力和亲和力，做好上传下达工作
		3.3.2 能够对员工的日常工作进行正确的评价和绩效反馈
		3.3.3 能够熟练掌握各项业务知识及系统操作，指导员工完成现场工作
		3.3.4 能够收集、整理日常工作中的常见问题并形成辅导案例
	3.4 报表制作	3.4.1 能够熟练运用Excel进行数据整理和运算
		3.4.2 能够运用呼叫中心关键绩效指标进行计算
		3.4.3 能够熟练运用Excel进行报表图表设计与制作
		3.4.4 能够针对数据分析结果提出优化方案

表1-15 呼叫中心客户服务与管理职业技能等级要求（高级）

工作领域	工作任务	职业技能要求
1. 数据分析运用	1.1 数据提取和整理	1.1.1 能够熟练使用呼叫中心业务平台进行数据查询及调取
		1.1.2 能够熟练运用Excel、数据分析软件收集和整理呼叫中心数据
		1.1.3 负责报表系统的参数维护及各项数据的配置
		1.1.4 能够维护基础数据的准确性和及时性
	1.2 数据分析	1.2.1 能够结合KPI指标进行运营数据变化趋势的分析
		1.2.2 能够针对数据分析进行挖掘，能够进行图表化呈现
		1.2.3 能够通过对运营数据的分析整理，形成话务模型并进行话务量预测
		1.2.4 能够通过数据报表追踪坐席人员人均效能成长曲线，并提出改善优化方案
	1.3 分析结果汇报	1.3.1 能够编制呼叫中心各种报表、建立分析模型、报表模板
		1.3.2 能够开发和维护客户满意度模型
		1.3.3 能够通过文字准确描述突出重点问题
	1.4 数据报表管理	1.4.1 制定数据质量KPI，按不同维度分析数据质量及特质
		1.4.2 能够优化呼叫中心数据分析及报表体系
		1.4.3 能够为职能部门提供关于数据统计、数据整理等相关服务
		1.4.4 能够针对数据的运用、维护进行统筹管理和规划

（续）

工作领域	工作任务	职业技能要求
1. 数据分析运用	1.5 坐席排班	1.5.1 能够运用数据分析结果合理地进行排班规划
		1.5.2 能够根据话务量合理安排坐席班次及休息时间，制定排班应急方案
		1.5.3 能够根据业务及运营部门的反馈情况进行排班优化
		1.5.4 能够有效管控各业务节点，确保运营整体指标的达成
2. 运营管理	2.1 流程管理	2.1.1 能够制定及优化各类业务流程
		2.1.2 能够制定FAQ话术规范和更新流程
		2.1.3 能够制定、梳理、持续改善跨部门合作的工作流程
		2.1.4 能够制定及优化质量和培训管理流程
	2.2 绩效管理	2.2.1 能够建立核心指标监控体系，能根据质量要求制定呼叫中心各岗位KPI指标
		2.2.2 能够熟练掌握KPI指标，并根据KPI指标制定绩效管理制度
		2.2.3 能够制定并监督执行呼叫中心的各项规章制度
		2.2.4 能够有效评估岗位绩效
		2.2.5 能够通过管理手段不断提升绩效
		2.2.6 能够积极、正面地针对个人、团队进行绩效反馈
	2.3 客户管理	2.3.1 能够针对不同类型客户制定服务内容
		2.3.2 能够针对不同客户群制定营销方案
		2.3.3 能够与客户进行沟通，掌握项目背景、业务流程、SAL服务协议、KPI指标，提出解决方案，确保项目顺利完成
		2.3.4 能够建立与客户的良好关系，并通过呼叫中心业务监督质量规范密切关注客户需求的变化
	2.4 成本控制	2.4.1 能够合理规划使呼叫中心人力需求与业务发展相匹配，合理控制人力资源成本
		2.4.2 能够合理规划使信息系统与业务模式相匹配，控制系统建设及维护成本
		2.4.3 能够控制合理使用办公用品
		2.4.4 能够合理制定收益目标，确保项目目标达成

（续）

工作领域	工作任务	职业技能要求
3．人员管理	3.1　人才培养与发展	3.1.1　能够制定组织架构岗位职责及招聘标准
		3.1.2　能够制定管理制度并进行制度执行监控
		3.1.3　能够有效控制人员流失率，控制人力资源成本
		3.1.4　能够根据话务量、人员规模和服务水平，提出人力资源需求报告
		3.1.5　能够制订呼叫中心人员素质提升计划，培养成熟的运营团队及运营人才
		3.1.6　能够完成培训制度、培训体系、培训规范及流程的制定，建立培训管理架构
		3.1.7　能够定期开展员工满意度调查，能根据反馈结果完善员工关怀制度
	3.2　团队管理	3.2.1　能够完成客服人员职业发展规划，增强团队凝聚力
		3.2.2　能够培养并激励下属，带领团队稳定成长
		3.2.3　能够协助高层领导建立和推广公司企业文化
		3.2.4　能够管理和带领团队为客户提供高质量的服务
		3.2.5　能够定期召开工作例会，开展与业务相关的各项总结研讨、培训交流等

六、呼叫中心常用术语

1．坐席代表/客户服务代表（Agent/CSR）

这是呼叫中心接听客户来电或呼出进行客户联络的人员总称。

2．关键绩效指标（Key Performance Indicator，KPI）

关键绩效指标是衡量呼叫中心绩效的指标。一般来说，它是指对企业部门和事业部进行绩效管理的单一且关键的指标，但是在呼叫中心领域，许多呼叫中心都具备很多关键绩效指标来进行绩效的综合衡量。

3．坐席登入/登出（Agent Log on/Log of）

ACD系统显示坐席代表的可用度。

4．平均处理时长（Average Handle Time，AHT）

这是指呼叫中心坐席代表接听一个电话所花的平均时间。这一数据可从ACD中获取，但需要注意的是，不同的ACD对其统计标准不同，有的ACD将事后处理时长也作为该项指标的一部分，有的则不包含事后处理时长。

5. 首次解决率（First Call Rate）

首次解决率也称一次解决率，是指客户的服务需求在第一次呼叫的过程中由第一个坐席代表完全解决的比例。

6. 平均应答速度（Average Speed Answer，ASA）

这是指在来电被坐席代表接听前，来电者平均等待的时长。这个数据可以从ACD中提取，是呼叫中心用来衡量服务质量的指标之一。

7. 基准评估（Benchmark Review）

基准评估是指对呼叫中心运营管理的全面评估，为该中心提供一个绩效参照，并说明它与同类呼叫中心相比所处的位置。

8. 客户满意度（Client Satisfaction）

这是衡量客户满意的指标，即有多少客户感到满意。

9. 排班（Schedule）

排班是呼叫中心按不同时段安排坐席资源的管理措施。

10. 预测（Forecast）

呼叫中心通过分析历史业务量和业务到达模式，结合业务平均处理时长和损耗，来估计未来业务量和业务到达模式，以进行更科学地排班及人力资源管理。

11. 员工利用率（Agent Utilization/Occupancy）

员工利用率表示某一坐席代表用于处理业务的时间与该坐席代表处于可用、交谈和工作状态的总时间的比值的百分数。

12. 话后处理时长（After Call Work，ACW）

这是指坐席代表在处理完一通电话后需要跟进完成交易所花的时间。工作通常包括录入数据、填表以及电话呼出等。坐席代表在该状态下无法接听其他呼入电话。

13. 排班契合度（Adherence to Schedule）

这是表明坐席代表遵守排班表的程度的通用术语。包含以下两项指标：

1）在坐席代表当班时有多少时间可以接受呼入电话，这既包括用在处理呼叫上的时间，也包括等待呼入的时间（也称利用率）。

2）坐席代表在什么时间接受呼入电话（也称服从度或遵守度）。

14. 弃呼率（Abandon Rate）

呼叫中心通过分析历史业务量和业务到达模式，结合业务平均处理时长和损耗，以估计未来业务量和业务到达模式，以及为了满足服务质量和服务水平所需要的坐席代表人数。呼叫中心往往通过衡量弃呼率来判断排班的合理性、服务水平所处的状况以及系统的稳定性。弃呼率高则表明呼叫中心在那个时间段没有安排适量的坐席代表在线，同时服务水平也必然会受到一定的影响。

15．自动呼叫分配系统（Automatic Call Distributor，ACD）

这是呼叫中心中转接呼入电话的软件应用程序。

16．务流程外包（Business Process Outsourcing，BPO）

业务流程外包是指企业将一些重复性的非核心或核心业务流程外包给供应商，以降低成本，同时提高服务质量。呼叫中心是BPO中的一个典型外包服务。

17．自动呼叫管理（Automatic Call Manager，ACM）

这一术语使用在综合电话呼入分配和自动外拨系统中。电话营销、账务催收等业务适用于这一系统。

18．事后处理工作（After Call Work/After Call Wrap-up，ACW）

事后处理工作是指由坐席代表在结束与客户通话后完成的一项任务或工作。这项工作可能是填写一个订单或者客户投诉单，完成填写后发送给相关的部门；也可能是完成邮寄任务，如将客户需要的产品目录封好，填上地址并放到邮寄室；也可能是与企业其他相关人员协商来确认一件事情。总之，事后处理工作通常是指在客户来电结束后立刻要做的事情。当呼叫中心来电量很高时，这项工作也被推迟到来电高峰后进行。有的自动呼叫分配系统和预拨号系统都能设定并获取事后处理时长这一指标。同时，下一通来电只有在超过平均事后处理时长的情况下才能被接入进来。

19．平均应答延迟时长（Average Delay to Handle，ADH）

平均应答延迟时长指来电被坐席接听前，来电者平均等待时长。ACD中可获取到这一数据。

20．人员班次遵守程度（Adherence）

人员班次遵守程度用于衡量呼叫中心的员工是否遵照所排的班次工作。如果他们能遵守，则称为“人员班次遵守程度高”，反之，称为“人员班次遵守程度低”。造成这一现象的原因，可能是有员工生病了、也可能是有的员工用餐时间未把握好、还有可能是有的员工想晚些再休息等。他们没想到这么做会将原来排好的班次搞得一团糟。因此，呼叫中心排班管理软件非常重要的一项功能是测算人员班次遵守程度，不断地追踪非正常班次人员的信息。

21．人员班次遵守程度的监控（Adherence Monitoring）

人员班次遵守程度的监控意味着将实时的数据与预测数据进行对比，特别是在坐席人员层次上。了解实际情况与预测误差将有助于提高未来预测准确率。使用相关的管理软件可以在人员班次遵守程度低的情况下，起到警示作用。如果不用排班管理软件，则很难实现对人员班次遵守的监控，尤其是那些大规模的呼叫中心。这样的软件能实时跟踪人员在岗情况等。它可以提供非常有价值的实时数据，来反映呼叫中心的状况，尤其是当来电排队数据恶化时。此外，人员班次遵守程度监控作为该软件的一项关键功能，能管理来自虚拟呼叫中心，以及联网并使用基于技能路由的多个呼叫中心的信息。

22. 坐席绩效报告（Agent Performance Report）

它是指一个从ACD中获取的报表，用于显示每个坐席代表的工作状态的信息，主要包括登入和登出时间或时长、在线时长、空闲时长以及未就绪时长等。

23. 平均排队时长（Average Queue Time）

平均排队时长指在某时段内，来电者被ACD接入并排入队列后、直到坐席代表应答前的平均等待时长。该数据可从ACD中获取。平均排队时长是影响客户满意度的重要指标，如果客户排队等待时间过长，就会放弃本次呼叫，并再次进行提打。因此，会使客户产生不满，同时也增加了交换机的负担。直接影响平均排队时长的因素主要有坐席代表数量和呼叫量的匹配、平均处理时长等。

24. 平均振铃时长（Average Ring Time）

平均振铃时长是指某时段内，来电者听到IVR或坐席代表直接接起电话之前的电话振铃平均时长。该数据可从ACD中获取。平均振铃时长是影响客户满意度的重要指标，如果振铃时间太长，客户会失去耐心而抱怨，也会造成放弃率上升。

25. 平均等待时长（Average Wait Time，AWT）

平均等待时长指来电者在放弃电话前，或坐席代表接听前的平均持线等待时长，也称平均持线时长。这一数据可从ACD中获取。很显然，这一数据越短越好，特别是公司支付客户来电费用时。如果呼叫中心需要增加人员来降低这一指标，就应当在以下两个成本之间找到平衡点：增加的人员成本/客户来电的费用成本+放弃电话的成本。

26. 平均工作时长（Average Work Time）

平均工作时长有时也称平均事后处理时长或综述时长，可从ACD中获取。有些呼叫中心管理者一味地缩短这一指标，使得坐席代表在进行事后处理时为追求速度而忽视质量，造成很多信息录入错误。客户来电的事后处理工作是客户来电处理过程中非常重要的一部分。

第2单元

呼叫中心基础技能训练

Project 1

项目 1

优质语音塑造训练

项目描述

花花进入试用期已经快一个月了，试用期间她工作尤其努力和小心细致，今天她的邮箱收到了质检报表，各项质检数据都不错，唯独普通话考核一项多次未达标。这让她很苦恼，也深深地感觉到了危机，于是决定找师傅请教。

作为呼叫中心的一名坐席代表，与客户沟通时，优质的语音必不可少。坐席代表工作的特殊性，使得他们只能通过声音传递信息与情感。相对于可以面对面服务的人员，坐席代表具备优质语音更显得尤为重要。

本项目中，通过普通话基础发音技巧训练，可以使学员正确了解发音常识、了解发声的规律、掌握正确发声的技巧。坐席代表日常的呼入或是呼出业务，每天通话时长和通话量都相当大，掌握正确的用嗓技巧非常关键，不仅可以保护嗓子，也可以让声音更加好听。坐席代表是通过声音传递信息与情感，掌握正确的朗读技巧，才能正确表述话术的意思，停顿恰当，并且清晰地与计算机语音播报区分开。

任务1 普通话中容易混淆的发音训练

任务情景

花花："师傅，我看了最新的质检报表，我的普通话指标总是很低，您能帮帮我吗？"

糖糖："我正想找你聊一聊这个事呢，你的各项质检指标都很好，唯独普通话指标低，这可是坐席代表的大忌啊！"

花花："师傅我知道，可是我该怎么做呢？"

糖糖："其实你的声音很好听，普通话也基本过关，只是在个别字的发音上有问题，咱们的改进重点就是把你个别字的发音矫正过来。我下载了几个你的工作录音，我们一边听录音一边找问题，然后针对性地矫正。矫正过程需要时间，毕竟已经说了这么多年，确实需要下一番功夫。"

花花："太感谢师傅了！"

糖糖："那我们就开始吧。你要做好刻苦训练的准备啊。"

任务分析

随着社会的快速发展，普通话和规范汉字的客观需求日益迫切，推广普通话和推行规范汉字，有利于克服语言隔阂，促进社会交往和商品流通，增进人员交流，有利于经济社会的发展。普通话为我们创造了一条光明的道路，一个发展的空间，一个进行交流的工具。

在呼叫中心行业，普通话显得尤为重要。很多呼叫中心工作人员的普通话水平并未达到行业要求，而又找不到改进办法。通常产生这种问题的原因在于个人过往生活的语言习惯导致很难找到问题所在。往往是几个字的发音不准而影响了普通话的质量，所以解决问题的关键是找到哪一种类的汉字发音不准，从而进行有针对性的训练改善。

本任务主要针对汉字发音中声母中容易混淆的双唇音及唇齿音训练、舌尖中音训练、舌尖后音训练、舌尖前音训练，韵母中容易混淆的三合复韵母发音训练、鼻韵母发音训练进行定向练习。

任务实施

1．声母中容易混淆的发音训练

（1）双唇音及唇齿音训练—— b、p、m、f

双唇音的用力点闭拢集中在双唇中央的三分之一处，这样能使发音力量集中，有效提高字音的清晰度。注意既不要双唇抿起，否则会影响音准，延缓发音动程，使字音闷暗，又不要咧嘴角，否则会影响口腔开度，导致力量分散，使字音不清晰。要想解决口腔松软，做到字音准确、清晰响亮，就必须加强这三个音的发音力度。

b—— 双唇不送气清塞音

八　部　白　便　笨

宝贝　帮办　背包　冰雹　百般

p—— 双唇送气清塞音

怕　牌　坡　盘　偏

品牌　匹配　澎湃　偏颇　评判

m—— 双唇浊鼻音

麻　莫　猫　蛮　忙

满目　眉毛　冒昧　明眸　麻木

一座棚　b、p、f

一座棚傍峭壁旁，
峰边喷泻瀑布长，
不怕暴雨瓢泼冰雹落，
不怕寒风扑面雪飘扬，
并排分班翻山攀坡把宝找，
聚宝盆里松柏飘香百宝藏，
背宝奔跑报矿炮劈山，
篇篇捷报飞伴金凤凰。

唇齿音上齿和下唇自然接触，点到为止，接触面积越小越不会产生杂音。发音时不要上齿咬住下唇，否则会致使发音显得笨拙。

f—— 唇齿清擦音

乏　翻　放　粉　福

仿佛　纷繁　复发　夫妇　发奋

理化和理发　　f、h

我们要学理化，

他们要学理发，

理化不是理发，

理化理发要分清，

学会理化却不会理发，

学会理发却不懂理化。

（2）舌尖中音训练—— n、l

这一组音要把握舌尖的力量，重点练习舌尖的弹卷力，让舌尖灵活有力地弹动上齿龈，对发音准确有力有帮助。除阻要干脆利索，不拖泥带水。注意l的发音，舌尖稍顶上齿龈，不要顶满，否则舌面无力显得如大舌头一般拙力；发n音时舌尖要紧顶住上齿龈，从鼻孔出气。

n—— 舌尖中浊鼻音

拿　耐　楠　恼　妞

男女　奶娘　捏弄　泥泞　呢喃

l—— 舌尖中浊边音

蜡　莲　两　路　捞

来临　力量　理论　领略　轮流

（3）舌尖后音训练—— zh、ch、sh、r

这组音不是卷舌音，而是翘舌音，因此实际发音时舌尖后移并且抬起接近硬腭即可，而不要将舌尖向后卷起。在做“翘”这个动作时舌尖要有力，避免发音含糊或显得笨拙。

zh—— 舌尖后不送气清塞擦音

札　住　窄　招　湛

战争　主张　装置　中专　转折

ch—— 舌尖后送气清塞擦音

茶　拆　产　船　吵

长春　超常　橱窗　传唱　茶场

sh—— 舌尖后清擦音

沙　耍　商　晒　闪

少数　山水　商厦　收受　述说

r—— 舌尖后浊擦音

然　如　扰　瑞　弱

柔软　融入　荣辱　忍让　仍然

看报纸　zh、ch、sh

时事学习看报纸，
报纸登的是时事，
常看报纸要多思，
心里装着天下事。

（4）舌尖前音训练—— z、c、s

发音时舌尖既可以和上齿背成阻，也可以和下齿背成阻，视各人的发音习惯来定。关键是舌尖要有力度，成阻时舌尖用上劲，不要整个贴在上齿背或下齿背上，成阻面要小些，这样力量才会集中。还需注意不要让舌尖跑到两齿之间，以免发成齿间音。

z—— 舌尖前不送气清塞擦音

杂　栽　早　赞　足

咂嘴　藏族　做作　总则　走卒

c—— 舌尖前送气清塞擦音

擦　财　草　灿　仓

残次　草丛　猜测　措辞　苍翠

s—— 舌尖前清擦音

萨　赛　三　嗓　扫

思索　松散　酸涩　随俗　四散

做早操　z、c、s

早晨早早起，
早起做早操，

人人做早操，

做操身体好。

2. 韵母中容易混淆的发音训练

（1）三合复韵母发音训练—— iao、iou、uai、uei

仔细体会中响复韵母发音位置的变化，在这里可以借用两拼法加以练习。三合复韵母的韵尾易丢失，注意把握舌尖动程，发音要体现三个元音的位置到位与否。

iao—— 中响复韵母

在ao的基础上增加了i到ao的发音动程。受窄元音i的影响，a的发音稍扁。动程变化由高到低再由低到高，还得加上唇形的变化，它是普通话中舌位动程最大的复合元音之一。发音中要注意找开口腔开度确保韵腹a音能降下来，还要有意识地拉开舌位动程。

标　郊　巧　邀　条

秒表　教条　缥缈　笑料　叫嚣

【绕口令练习】

鸟看表

水上漂着一只表，

表上落着一只鸟，

鸟看表，

表瞪鸟，

鸟不认识表，

表也不认识鸟。

iou—— 中响复韵母

发音时ou的前面加了一段i的发音动程。舌位由高向低降，后舌面向软腭升起，唇形是圆的，韵尾u表示元音活动的方向。

这个三合复韵母中的元音o，由于受到声调的影响，在阴平、阳平的高音中发音不显著，舌位高，口腔稍闭。对于口腔稍窄的人来说，注意口腔的开度以及尾音u的唇形，以保持字音的准确度。在上声、去声中，受低音影响，o的发音较显著，但也应注意尾音的归音及动程变化。

九　谬　牛　柳　油

悠久　舅舅　绣球　秋游　牛油

【绕口令练习】

春雨贵如油

春雨贵如油，

渠水是美酒，

美酒灌麦田，

醉得麦田绿油油。

uai—— 中响复韵母

在ai的基础上增加了u到ai的发音动程。由于受到圆唇音u的影响，a发音变得稍圆。发音时由后高元音u下滑到前a [a]，最后趋向i的部位。uai是普通话中舌位动程最大的复合元音之一，唇形、舌位的变化较大，应注意韵腹元音的舌位低下来，口腔开度要充分。

怀　乖　快　帅　拽

外快　拽歪　外踝　摔坏　乖乖

【绕口令练习】

槐树槐

槐树槐，槐树槐，

槐树底下搭戏台，

人家的姑娘都来了，

我家的姑娘还不来。

说着说着就来了，

骑着驴，打着伞，

歪着脑袋上戏台。

uei—— 中响复韵母

在ei的前面加了一段u的发音动程，舌位从后先降后升，前舌面向硬腭上升，舌位半高，不圆唇，韵尾i表示元音活动的方向。

这个三合复韵母中的元音e，同样也会受到声调的影响。在阴平、阳平的发音中，由于受高音的影响，e发得不显著。舌位高，口腔稍闭。对于口腔开度稍窄的人来说，还要注意保持口腔开度，发音中韵腹不能丢失。e在上声、去声音节中，由于受低音影响，发音较明显，但要注意尾音归音。uei在自成音节时，不要把u发成唇齿音v。

味　推　回　葵　桂。

回归　退位　追随　翠微　会徽。

（2）鼻韵母发音训练—— uan、üan、ang、uang、ueng、ong、iong

uan—— 前鼻韵母

这是在an韵母之前加了一个轻短的u韵头结合而成。a的舌位比单发时靠前，是前a [a]。受u的影响，发音过程中口腔开度由合渐开，唇形由圆渐展。u是较高且靠后的圆唇元音。这个音的整个动程较大，但和缓，使前a受到的影响不大。

钻　团　观　短　环

酸软　万贯　转换　贯穿　换算

【绕口令练习】

初春时节访新村

初春时节访新村，

喜看新村处处春。

村前整地做秧床，

村后耕田除草忙。

出村来到耕山队，

林木茂盛果实壮。

农业政策威力大，

建设新村处处春。

üan—— 前鼻韵母

这是在an韵母前加了一个轻短的ü韵头结合而成。受撮口音ü的影响，a的舌位比单发时偏高，略在中部，即前元音 [æ]，由前高元音ü的舌位向前元音 [æ] 滑动，舌位降下后再升到前鼻音n的部位。由于ü是圆唇音，也影响到a的发音口形。实际发音时，a处于这个位置时口腔开度大，有利于声音响亮清晰。

圈　宣　娟　圆　泉

渊源　圆圈　轩辕　拳拳　全员

【绕口令练习】

男演员，女演员

男演员，女演员，

同台演戏说方言，

男演员说吴方言，

女演员说闽方言。

男演员演远东劲旅飞行员，

女演员演鲁迅著作研究员。

研究员，飞行员，

吴语言，闽南言，

你说男女演员演得全不全。

ang——后鼻韵母

a的舌位因受后鼻韵尾ng的影响，a处于比较后的位置，是后a [ɑ]。舌根抬起，贴近软腭，软腭下降，鼻腔通路打开，随后舌根与软腭接触，气流从鼻腔透出。

帮　仓　航　岗　朗

厂房　沧桑　商场　行当　烫伤

uang——后鼻韵母

这是在ang韵母前加了一个轻短的u韵头结合而成。发音时，uang韵母的发音动程较宽，由高到低再到高，但范围较窄，都在后部。ang受到u的影响，a的发音唇形较圆。

广　庄　霜　窗　况

狂妄　装潢　状况　往往　窗框

ueng——后鼻韵母

ueng是eng韵母前加上u韵头结合而成。由后高圆唇元音u向下滑动，降到比e靠前略低的位置，再接续鼻音ng。

发音时需注意合口音u的圆唇，可增加字音的准备度及清晰度。ueng只能自成音节，是零声母音节。

嗡　瓮　蕹　蓊　翁

水瓮　蓊郁　渔翁　蕹菜　瓮城

ong——后鼻韵母

ong是元音o与鼻辅音ng结合而成的。这里o的发音与单韵母o不同，它是在u与o之间，发成松u [u]。口腔开度比u的开度稍大，舌位稍低。然后舌根接触软腭，口腔通路封闭，发出后鼻音ng。

ong发音时注意口形，避免发成ueng与eng。另外，o不能再前移，否则字音会发扁，影响字音的准确。

工　红　冬　童　荣

中东　恐龙　公共　隆冬　共同

iong—— 后鼻韵母

前高元音i由于受到后面圆唇元音o的影响，发音时也带上圆唇动作，实际发音就等于在ong前加上一段由前高元音ü开始的动程。

注意，在发音开始时就需撮口了，否则会影响字音的清晰度。口腔开度还要适当增大，运动幅度要小。

炯　熊　拥　琼　匈

汹涌　永久　应用　雍容　凶猛

必备知识

1．语音常识

（1）语音的性质

语音是人的发音器官发出来的表达一定意义的声音，它是语言的物质外壳。

语音同自然界的其他声音一样，产生于物体的振动，具有物理属性；它是从人的发音器官发出来的，还具有生理属性；它要表达一定的意义，什么样的语音形式表达什么样的意义是受社会制约的，所以它又具有社会属性。其中社会属性是语音的本质属性。正是因为具有了社会属性，语音才同自然界的其他声音有了本质的区别，才能具有交流思想的功能。

（2）语音的物理属性

音波产生于物体的振动，语音产生于人体声带的振动。从物理学的角度看，一切声音都可以从音高、音强、音长、音色4个方面去分析，语音自然也不例外。

1）音高。

音高指声音的高低。它决定于发音体在一定时间内振动次数的多少。发音体在一定时间内振动的次数叫频率，所以声音的高低取决于发音体振动频率的大小。语音的高低同声带的长短、厚薄、松紧有关。

2）音强。

音强指声音的强弱。它决定于发音体振动幅度的大小。发音体振动的幅度叫振幅。语音的强弱是由发音时气流冲击声带力量的强弱决定的。

3）音长。

音长指声音的长短。它决定于发音体振动时间持续的长短。振动的时间长，声音就长；振动时间短，声音就短。

4）音色。

音色指声音的个性特色。它取决于音波振动的形式。造成不同音色的原因有3个。

任何声音都是音高、音强、音长、音色的有机整体，语音当然也是这样。在任何语音中，音色对区别词义都起着重要作用。对汉语来说，除了靠音色区别意义之外，音高显得特别重要。因为汉语是有声调的语言，声调是区别意义的重要手段，而声调主要是由音高构成的。此外，音强和音长在轻声和语调里也起着重要作用。

普通话语音主要是靠音色、音高来区别意义，音强有时也能区别意义，音长只是在语调中起表达感情的作用。

（3）语音的生理属性

语音是由人的发音器官发出来的。一个音的发音原理、发音过程及其所具有的物理特征都是以发音器官的活动为基础的。因此，了解发音器官的构造和活动情况是学好语音的重要前提。人的发音器官可分为以下3个部分。

① 肺和气管。

② 喉头和声带。

③ 口腔和鼻腔。

（4）语音的社会属性

语音不同于一般的声音，它在社会交际中必须代表一定的意义，而语音和它所表达的意义之间没有必然的联系。用什么样的语音形式表达什么样的意义不是由个人决定的，而是由使用这一语言的社会全体成员约定俗成的，因而语音具有社会属性。语音的社会属性还表现在语音的系统性上，包括语音成分和结构方式。

2. 声母

按汉语语音学的传统分析方法，一个汉语音节中起头的辅音叫声母。没有辅音声母的音节称为零声母音节，没有辅音的声母称为零声母。

普通话共有21个声母（不包括零声母）：b、p、m、f、d、t、n、l、g、k、h、j、q、x、zh、ch、sh、r、z、c、s。

（1）声母的作用

1）区别意义。

如果两个音节的韵母、声调相同，但声母不同，意思就不同。发不准普通话声母，就有可能造成词义的混淆，影响交际和传播的效果。

2）区别音节的清晰度。

声母的发音部位比较紧张，发音短促、有力，并且在音节开头带动整个音节的发音，因此声母发音干脆利落，在普通话语流中能使音节界限区别明显，字字清晰可辨。

3）增强音节的力度和亮度。

声母发音时蓄气充足，弹射有力，并与韵头迅速结合，能使整个音节的力度和亮度增强。

（2）声母的分类

1）按声母的发音部位分类。

发音部位即气流在口腔中受阻的位置。因受阻部位不同，可以分为下面7种“阻碍”。这些“阻碍”是指由口腔里的两个部分接触或接近而形成的7处阻碍气流的地方。下面来了解一下普通话的声母发音。

➢ 双唇音

上唇和下唇成阻。发音时下唇向上运动，上唇微动，两唇紧闭构成阻碍，如：b、p、m。

➢ 唇齿音

上齿和下唇成阻。发音时上齿和下唇内缘接触构成阻碍，如：f。

➢ 舌尖前音

舌尖和上齿背成阻。发音时舌尖平伸，向上齿背接触或接近，如：z、c、s。

➢ 舌尖中音

舌尖和上齿龈前部成阻。发音时舌尖和齿龈前部（牙床）接触，如：d、t、n、l。

➢ 舌尖后音

发音时舌尖稍后缩，向齿龈后部翘起接触或接近，如：zh、ch、sh、r。

➢ 舌面音

舌面前部和硬腭前部成阻。发音时舌尖下垂在下齿背后，舌面向上接触或接近硬腭前部，如：j、q、x。

➢ 舌根音

舌根和软腭成阻。发音时舌头后缩，舌根抬起和软腭接触或接近，如：g、k、h。

2）按声母的发音方法分类。

下面介绍普通话21个声母的5种发音方法。

➢ 塞音

塞音也叫爆发音或破裂音，发音的某两部分紧闭在一起，阻塞气流通道，从肺中呼出的气流拥满口腔，这时发音的某两个部位突然离开，气流冲击爆发，破裂而成声。这声音是短暂的。塞音声母有b、d、g和p、t、k。

➢ 擦音

它也叫摩擦音。成阻时发音部位两点相接近，但接得不太紧，中间留下一道窄缝；持阻时气流由发音部位两点之间挤过，发出摩擦的声音；到除阻时，这种摩擦就结束了。擦音声母有f、h、x、sh、s、r。

➢ 塞擦音

这是塞音和擦音两种方法的结合。两个部位接触堵住气流，然后两个部位突然离开（产生破裂音）并形成一条小缝，使气流挤出，造成摩擦的声音，这是擦音的“持阻”和“除阻”阶段。普通话塞擦音有j、q、zh、ch、z、c。

➢ 鼻音

成阻时发音部位两点闭紧，封锁口腔出气道路；持阻时，肺中呼出的气流冲开闭合的声门，声带颤动，声波进入口腔，但此时口腔已被封锁，气流出不去，同时，软腭小舌下垂，鼻腔和口腔形成联合通道。鼻腔是固定的，声腔的变化全凭口腔中阻碍的部位变化，部位不同，口腔的形状就不同，经口腔、鼻腔双重共鸣的作用，形成不同鼻音，最后声波从鼻腔流出；除阻时，开放口腔的封锁，发音就终止了。普通话里只有三个鼻音m、n、ng。其中m只出现在字音的前头，如：ma（妈），n在字音前后都出现，如：nan（南）；ng只出现在音节尾上，如：niang（娘）。

➢ 边音

普通话里只有l是边音。成阻时，舌体后缩，舌尖向上和齿龈前部接触，比d、t、n靠后一点；持阻时，声带颤动，气流从舌头两边透出；除阻时声音就发完了。由于发音时声带颤动，故是浊边音。

【两个条件】

在每种发音方法中，还各有两个条件：清浊的区分和送气与否。

➢ 清浊的区分

清浊的区分依据是指发音时声带振动与否。清辅音发音时，声带不闭拢，气流不冲击声带，声带不颤动。气流从肺中直接流到口腔，受到口腔中某两部分不同程度的阻碍，气流较强，如：b、p、f、d、t、g、k、h、j、q、x、zh、ch、sh、z、c、s。

浊辅音发音时，气流从肺中流出，声带闭拢，气流冲开声门，使声带发生振动，造成声波，气流较弱，声波到达口腔后受到口腔中某两部分不同程度的阻碍，如：m、n、l、r、ng。

➤ 送气和不送气

送气和不送气是指气流出来的两种情况。任何音素没有不用气而发音的，只是发音除阻时，气流强弱不同，有的音气流微弱而短，自然地放出。也就是说不送气的辅音也是由较强的气流造成的，只是在除阻后没有显著的强气流，如：b、d、g、j、zh、z。

送气的辅音除阻后紧跟着有一股显著的强气流喷出来，在时程上比不送气的辅音来得长。普通话里有6个送气音，如：p、t、k、q、ch、c。送气不送气音在汉语中有区别意义的作用，如：被套和配套，肚子和兔子。

总之，22个辅音除ng外都可以做普通话声母。

3. 韵母

按照汉语语音学的传统分析方法，把汉语音节中声母以后的部分叫韵母。韵母的主要成分是元音，有的韵母是由单个元音充当的，有的是由两三个元音复合而成的，还有的韵母由元音加上鼻辅音n和ng构成，普通话中有24个韵母。

韵母是普通话音节的主要组成部分。普通话音节中不一定全有辅音，但必须有元音，韵母大多可以自成零声母音节。这里需要说明的是，元音一定可以做韵母，但元音不等于韵母，因为普通话韵母中还有两个鼻辅音[n]、[ŋ]作韵母。

韵母分为韵头、韵腹、韵尾，也可称为介音、主要元音和尾音。在复合音中口腔开度最大、声音最响亮的那个元音就是韵腹。一个韵母可以没有韵头、韵尾，不可以没有韵腹。元音与辅音的分类是根据音素的特性，而声母、韵母是从音节结构中分出来的。

韵母是字音响亮的关键，因为韵母主要由元音构成，而在普通话中元音占优势。要想使语音圆润、明亮、有力度，就要练好韵母的发音。

（1）韵母的作用

首先，韵母的主要作用是区别词义。音节中如果声母、声调都相同，而韵母不同，意思就不一样。不同方言区的人如果发不好普通话韵母，就有可能混淆词义，影响交际和传播效果。

其次，能够使音节饱满响亮。音节中声音最响亮的就是韵母中的主要元音，也叫韵腹。主要元音的口腔开口度较大，共鸣充分，增强了音节的“拉开立起”之势；韵腹带上声调，使音节充实而响亮，饱满而挺拔，形成抑扬顿挫的音乐美。

（2）韵母的分类

普通话韵母可以从两个不同角度进行分类，一是根据韵母的结构特点，二是根据韵母开头元音的发音口形。

普通话韵母按照语音结构分3类：根据韵母内部结构成分的不同，可以把韵母分为单韵母、复韵母、鼻韵母3类。

① 单韵母：由单元音所充当，共10个。

② 复韵母：由两个或3个元音复合而构成，共13个。

③ 鼻韵母：由一个或两个元音后面带上鼻辅音n或ng构成，共16个。

普通话韵母按照韵母开头元音的唇形特点分4类，即四呼韵母：开口呼韵母、齐齿呼韵母、合口呼韵母、撮口呼韵母。

① 开口呼韵母：没有韵头，韵腹不是i、u、ü的韵母，共15个。

② 齐齿呼韵母：韵头或韵腹是i的韵母，有9个。

③ 合口呼韵母：韵头或韵腹是u的韵母，共10个。

④ 撮口呼韵母：韵头或韵腹是ü的韵母，共5个。

（3）韵母的发音

1）单韵母的发音。

单韵母是由一个元音音素构成的韵母。普通话有10个单元音韵母。单韵母是学好普通话韵母和音节的基础。

① 发音条件。根据发音时舌头的部位及状态，又将普通话中10个单韵母分为两类：7个舌面元音a、o、e、ê、i、u、ü和3个特殊元音（两个舌尖元音-i前、-i后，一个卷舌元音er）。

发舌面元音时，口腔的变化主要与舌位的高低前后、唇形圆展有直接关系。舌位指的是发元音时，舌面隆起的最高点在口腔中高低前后的位置。发音时要注意口腔、舌位及唇形的配合。

② 舌位的高低。舌位的高低是指发音时舌头隆起部分的最高点同上腭距离的大小。发音时它和上腭距离小就叫“舌位高”，这样发出的元音叫“高元音”；距离大就是“舌位低”，这样发出的元音就叫“低元音”。舌位的降低与抬高同口腔的开合有关，舌位越高开口度越小，舌位越低开口度越大。

舌位高：7个舌面元音中舌位最高的音是[i]、[ü]，其次是u，舌位越高的音口腔开度越小。

舌位半高：口腔半闭合状态的音是[o]、[e]。

舌位半低：口腔半开的音是[ê]。

舌位低：口腔大开，舌位最低的音是[ɑ]。

这组元音的发音原则是窄音宽发、宽音窄发。

③ 舌位的前后。舌位的前后是指发音时舌头隆起部分（舌高点）的前后。

前元音：发音时舌头略向前平伸，舌尖和下齿背接近，舌高点在舌面的前部，如[i]、[ü]。

后元音：发音时舌头后缩，舌尖离开下齿背，舌高点在舌面的后部，并与软腭相对，如[o]、[u]。

央元音：舌高点在舌面中部并与硬腭中部相对，如[ɑ]。

这组音的发音原则是前音稍后、后音稍前。

④ 唇形的圆展。唇形圆，声腔就得以延长；唇形展，声腔相应也缩短。在相同舌位状态下，由于唇形的圆展不同，就形成两个不同的元音。如：i—ü、o—e。

圆唇音：[u]、[ü]、[o]。

不圆唇音：[i]、[ɑ]、[e]、[ê]。

这组发音应该注意太圆则闷、太扁则散，要圆唇扁发、扁唇圆发。

⑤ 舌位图，如图2-1所示。

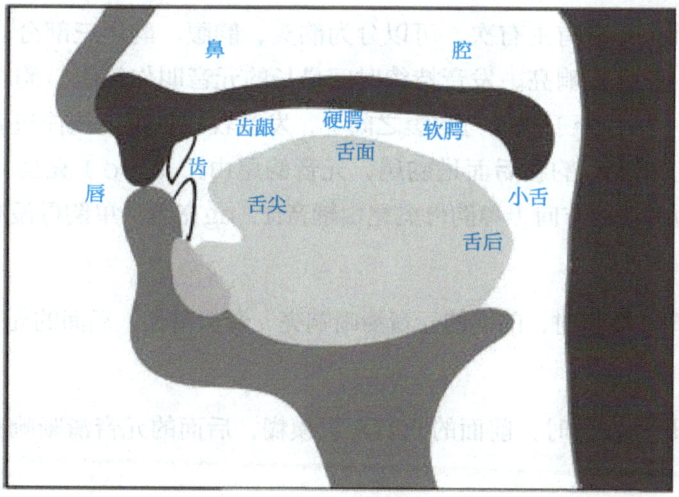

图2-1 舌位图

现对元音舌位说明如下：

平行四边形的左边代表口腔的前部，右边代表口腔后部，前边上下两点距离宽，后边两点距离窄，说明口腔前部活动范围大，这是由人的口腔生理条件决定的。

从舌的水平线移动来看，开口度小时，舌的前后移动距离大；开口度大时，舌的前后活动幅度小，这也是由口腔生理条件决定的。

综上两点，元音发音时舌位移动派生出的特点是：前元音随着开口度的增长，舌位自然地后缩；后元音随着开口度的增长舌位自然地前移。

⑥ 舌位体会训练。

连发i—ê—a，u—o—a，体会舌位高低及开口度的变化。

连发ü—u—ü—u，-i（前）—i（后），体会舌位前后的变化。

连发i—ü—i—ü，e—o—e—o，体会唇形圆扁的变化。

2）复韵母的发音。

复韵母是由两个或3个元音组合而成的。单元音发音过程中，舌位的前后、高低以及唇形圆展不应有明显的移动变化。而复合元音的发音过程中，舌位的前后、高低和唇形的圆展则发生连续的移动、变化，也就是音素间相互影响、发生变化、复合成一种新的声音。舌位滑动的过程叫作舌位动程。

复韵母发音过程的特点是：一个复韵母不是简单的两个或三个元音相加，而是舌位唇形由一个元音的发音状态滑动变化到另一个元音的发音状态。三合复韵母发音时，处于中间转折位置元音音素的舌位、唇形不再是单元音的标准位置，而是向起始和终止元音音素偏移、变化。

复韵母中的几个元音有主有次，可以分为韵头、韵腹、韵尾三部分。其中发音过程当中口腔开度最大、声音最响亮、发音持续时间最长的元音叫作韵腹。韵腹前面的元音是韵头（又称“介音”—— 介于声母与韵腹之间），发音较轻且短，往往只表示发音的起点，由高元音i、u、ü充当；韵腹后面是韵尾，元音韵尾由i、u（o）充当，音值含混而不固定，往往表示舌位滑动的方向（鼻韵母韵尾由辅音n、ng充当；单韵母没有韵头、韵尾，都作韵腹）。

① 前响复韵母：发音时，前面的元音清晰响亮，音值稍长，后面的元音轻短模糊。如：ai、ei、ao、ou。

② 后响复韵母：发音时，前面的元音轻短模糊，后面的元音清晰响亮。如：ia、ie、ua、uo、üe。

③ 中响复韵母：发音时，中间的元音清晰响亮，前后元音轻短模糊。如：iao、iou、uai、uei。

1）发复元音韵母要有口形变化。

发单元音韵母时，口形是固定的。而复元音韵母的发音是两个以上元音音素的复合，音素只表示舌位移动的起点和终点。这一过程表明整个口腔，包括唇舌，共鸣器的形状是逐渐变动的，这个变动就是音素与音素之间的自然过渡。它是滑动的，整个过程要连贯自如。要求复韵母发音时，无论这个过程是宽是窄都要有口形变化。

2）保持主要元音开口度。

复韵母中各个音素的响亮度、开口度、以及强弱、长短是不一样的。其中主要元音的发音也就是韵腹发得要响亮，并占有主要的时值。韵头、韵尾的发音要弱于主要元音的发音。语流中，复韵母和声母相拼时，一定要保持主要元音的开度，否则影响字音的清晰度。

3）注意复韵母中的音素与单韵母同部位的音素的区别。

复韵母中的音素与单韵母同部位的音素的发音是不同的，口形的开闭与舌位的高低一般都有所区别。但这些区别也应服从于字音的清晰度。"开音稍闭、闭音稍开、前音稍后、后音稍前、圆唇扁发、扁唇圆发"的方法在这里同样适用。

任务拓展

1. 实训任务：声母和韵母的实战训练。

2. 任务形式：两人一组，每个人独立完成后进行互评。

3. 任务时限：10分钟。

4. 任务要求：

（1）正确辨读下列对比词语

字纸—制定	阻力—主力	资源—支援	自学—治学
栽花—摘花	杂草—铡草	早稻—找到	祖父—嘱咐
粗布—初步	六层—六成	木材—木柴	死记—史记
推辞—推迟	三角—山脚	搜集—收集	不曾—不成
私人—诗人	司机—失机	造就—照旧	杂记—札记
村庄—春装	姿势—知识	自序—秩序	智力—自立
资源—支援	大致—大字	祠堂—池塘	防空—航空
飞鱼—黑鱼	幅度—弧度	护理—福利	湖面—浮面
工会—公费	留恋—留念	流毒—牛犊	水流—水牛

（2）快速拼读游戏

老师说出一个韵母（如："an"），让一个学生说出5个包含此韵母的单音节字词"俺，山，寒，办，咱"，反应迅速，发音正确者取胜，奖励其说出另一个韵母（如"ie"），由其指定另一个同学说出另外5个单音节字词（“页，写，贴，借，捏”），说不出者被罚下，另找一名同学接替回答，答对者往下做，但作为词头的韵母不能重复出现。

任务2 普通话中的声调音节和音变

任务情景

两周一次的质检录音校准分析会刚结束，花花正准备返回岗位开始工作，刚走出会议室就看到走廊尽头的同事小米闷闷不乐地站在窗边。小米闷闷不乐是有原因的。试想自己的录音在会议上公开播放作为典型案例进行分析，看到周围同事都捂着嘴不敢乐出声的场面，真的是很尴尬。想到这里花花赶紧去安慰小米。

花花：“想开点哦，我估计是你那天心情不好影响了工作状态，你以前的录音我听过，真的很棒。”

小米：“你就别宽慰我了，我以前都不敢听自己的录音，根本就发现不了问题。这次领导在会上直接用机器人的语音和我的录音进行比较。自己听了都感觉录音像机器人一样，冷冰冰的没有感情。我平时生活中说话不是这样的，不知道为什么带上耳麦开始工作就是这样，我也想改一改，但是不知道该怎么做。”

花花：“你想改好就最好啦。我最近也在改进自己的发音问题，要不咱俩一起练吧。”

小米：“好啊，有个伴儿一起练就会有趣很多呢。”

花花：“好的，就这么定了。”

任务分析

声调对客户服务人员来说很重要，这是由客户服务人员与客户交流的方式决定的。这个交流行为是在双方互不见面的状态下进行的，这样副语言系统在这一行为中就缺失了。比如，丰富的面部表情、灵活的手势、生动的身体语言等在电话交谈时是不可见的。因此，声音的声调表达成为唯一的交流手段，声音在客户服务人员的谈话过程中就得承担起更多的功能。缺失的副语言都要通过有声语言来表达，这时的有声语言已有别于日常的有声语言。客户服务人员必须通过专业训练才能达到工作状态的有声语言，这种有声语言是具有声音形象的。

本任务主要针对声调进行音节综合练习、普通话音变综合练习、儿化韵的训练、语气词“啊”的训练，进行声调强化。

任务实施

1. 声调音节综合练习

本任务是把声调放在具体的语言环境中去处理。首先不要说字话，到语流当中要注意前后音节声调的协调；其次要明确语句目的，必然要突出语句重音，要突出语句重音音高、音长的变化，势必落在对声调的处理上，随着内容的变化、感情的表露来具体处理重音音节调域和句尾词语的声调。

（1）阴平声训练

落花（李商隐）

高阁客竟去，小园花乱飞。

参差连曲陌，迢递送斜晖。

肠断未忍扫，眼穿仍欲归。

芳心向春尽，所得是沾衣。

（2）阳平声训练

赠别二首之一（杜牧）

娉娉袅袅十三余，豆蔻梢头二月初。

春风十里扬州路，卷上珠帘总不如。

（3）上声训练

望岳（杜甫）

岱宗夫如何，齐鲁青未了。

造化钟神秀，阴阳割昏晓。

荡胸生层云，决眦入归鸟。

会当凌绝顶，一览众山小。

（4）去声训练

寻隐者不遇（贾岛）

松下问童子，言师采药去。

只在此山中，云深不知处。

分组练读下列句子，注意字词的声调变化。

① 山野间的涓涓细流被山峦、森林和草甸无数次地梳理，然后形成一股叮咚流淌的清泉，静静地流入这条长谷之中，形成数百个大大小小的高原湖泊，形成五色斑斓的水的奇观。

② 北京最理想的居住地在哪儿？昨天诞生的北京市首个宜居指数显示：什刹海地区成为目前市民心中最宜居的场所。

③ 九寨沟，因为有了森林而四季景色迥然不同。春的清丽，夏的庄重，秋的华美，冬的高洁，无不让人激情涌动。

④ 从六朝开始就有了绝句，而如此工整、精妙，同时又能将四句全部一一对仗的诗，怕也只有作为“诗圣”的杜甫能力所及。诗中四句诗对应了四个景色，犹如四扇屏风展现在我们面前。看似完全在写景，但这样一种明媚的自然景色，实际上折射的是诗人欢快灵动的内心世界。

⑤ 在西藏拉萨，一群盲童第一次开始认识自身，第一次开始拥有梦想，第一次能摸到一种有“色彩”的生活。他们大都可以读、写、使用盲文打字机和盲人计算机。

2．声调练习

（1）读准下列诗词的声调

注意入声声调的读准。

忆秦娥·娄山关（毛泽东）

西风烈，长空雁叫霜晨月。霜晨月，马蹄声碎，喇叭声咽。雄关漫道真如铁，而今迈步从头越。从头越，苍山如海，残阳如血。

渔家傲·反第二次大“围剿”（毛泽东）

白云山头云欲立，白云山下呼声急，枯木朽株齐努力。枪林逼，飞将军自重霄入。七百里驱十五日，赣水苍茫闽山碧，横扫千军如卷席。有人泣，为营步步嗟何及！

（2）分组练读下列词语

辨析下列词语的声调：

题材—体裁　乘法—惩罚

天才—甜菜　时节—使节

四声顺序音节练习：

风调雨顺　高朋满座　英雄好汉

光明磊落　深谋远虑　优柔寡断

四声逆序练习：

背井离乡　智勇双全　妙手回春

四海为家　万古长青　大显神通

四声交错音节练习:

虚怀若谷　轻描淡写　班门弄斧

恬不知耻　明目张胆　五光十色

（3）四音节词语朗读练习

1）四声同调。

春天花开　江山多娇　珍惜光阴　人民团结

豪情昂扬　回国华侨　儿童文学　厂长领导

2）四声顺序。

钻研马列　心明眼亮　胸怀广阔　坚持努力

山河锦绣　英雄好汉　山明水秀　风调雨顺

3）四声逆序。

破釜沉舟　万马腾空　智勇无双　探讨原因

刻苦读书　暮鼓晨钟　寿比南山　字里行间

4）四声交错。

忠言逆耳　水落石出　身体力行　得心应手

无可非议　集思广益　绝对真理　百炼成钢

【发音要领口诀】

学好声韵辨四声，阴阳上去要分明。部位方法须找准，开齐合撮属口形。

双唇班报必百波，舌尖当地斗点丁；舌根高狗坑耕故，舌面积结教坚精；翘舌主争真志照，平舌资则早在增。

前鼻恩因烟弯稳，后鼻昂迎中拥生。

咬紧字头归字尾，阴阳上去记变声。循序渐进坚持练，不难达到纯和清。

3．普通话音变综合练习

（1）轻声的训练

首先要了解轻声的规律，一个音节在什么情况下读轻声呢?

①语气词“吧、吗、啊、呢”等。例如：

说吧、听着呢、干什么呀。

怎么啦？一起走吧！

②助词“着、了、过、的、地、得、们”。例如：

你的、唱着、学生们、来了、好得很

我们的事业，是我们的田野。我们背负着它，播种着，耕耘着，收获着，欣喜地走向生命的远方。

③名词的后缀“子、头”等。例如：

椅子、石头、凳子

小伙子不记得这是从哪个园子里拾来的了。

④重叠式名词、动词的后一个音节。例如：

写写画画　唱唱跳跳　说说笑笑　热热闹闹　高高兴兴

太阳他有脚啊，轻轻悄悄地挪移了；我也茫茫然跟着旋转。

⑤表示趋向的动词。例如：

出去、进来

天黑时，我躺在床上，他便伶伶俐俐地从我身上跨过，从我脚边飞去了。

⑥方位词或词素。例如：

家里、桌上、地下、这边

在无边的旷野上，在凛冽的天宇下，闪闪地旋转升腾着的是雨的精魂。

朔方的雪花在纷飞之后，却永远如粉，如沙，他们绝不粘连，撒在屋上，地上，枯草上，就是这样。屋上的雪是早已就有消化了的，因为屋里居人的火的温热。

⑦有些双音节词的第二个音节，按习惯要读成轻声。这些词汇都是规律性不强的必读轻声词。例如：

胡同　窗户　精神　玻璃　商量

编辑　故事　琢磨　便宜　生意

犹豫　庄稼　相声　告诉　意思

总之，轻声是普通话中一个重要的音变现象，一个音节要不要读轻声，除了从词义考虑外，还应遵从习惯读音。

（2）变调的训练

音节在连读时，声调发生变化的现象叫变调，主要包括上声变调、去声变调、“一、不”变调和重叠形容词的变调4种情况。

1）上声的变调。

① 上声字单念或在句尾时不变，仍读本调。

② 上声在非上声（阴平、阳平、去声、轻声）前变“半上”，即调值由214变成211。

在阴平字前：

首都　感激　小说　普通

在阳平字前：

旅行　羽毛　主持　改革

在去声字前：

老式　土地　想象　晚饭

在轻声字前：

姐姐　比方　眼睛　喇叭

③ 两个上声字相连，前一个上声变得近似阳平，即调值由214变成接近35。

友好　演讲　勇敢　岛屿

水果　影响　品种　古老

④ 3个以上的上声相连，根据词语的意义自然分节后再按照上述的变调类型处理。

⑤ 当词语的结构是“双单格”时，开头、中间的上声音节调值变为35。

导演组　展览馆　打靶场　洗脸水

水彩笔　手写体　勇敢者　蒙古语

⑥ 当词语的结构是“单双格”时，开头音节处在被强调的逻辑重音时读作半上211。

老领导　好首长　小两口　纸老虎

海产品　小拇指　老保守　搞管理

请你处理好与老百姓的关系。

请你往北走找柳组长。

2）去声变调。

去声在非去声字前一律不变。在去声字前则由全降变成半降，即调值由51变成53。

救护　照相　电话　正确

汉字　快乐　再见　贵重

人生的意义在于奉献，而不是索取。

3）“一”和“不”的变调。

①“一”的变调。

“一”单用或在序数词中念本调—— 阴平。例如，第一、星期一、初一、万一、统一、始终如一。

非去声前变去声：

在阴平前：

一天　一般　一根　一杯

在阳平前：

一条　一年　一头　一言为定

在上声前：

一碗　一尺　一本　一马平川

去声前变阳平：

一架　一样　一见如故　一箭双雕

夹在重叠动词中间念轻声：

看一看　说一说　想一想　试一试

综合例句：

少年朋友，今天的“录音电话”请你们说一（yi）说，考试结束了，你最想说的一（yí）句话和最想干的一（yí）件事，然后向你们推荐一（yì）首新歌。

一帆一桨一叶舟，

一个渔翁一钓钩。

一俯一仰一顿笑，

一江明月一江秋。

②"不"的变调。

"不"字单用或在词句末尾，以及在阴平、阳平、上声前念本调——去声。例如，不说、不能、不成、不少。

在去声前变阳平：

不对　不去　不愿　不露声色

夹在词语中间念轻声：

去不去　行不行　好不好　差不多

例句：

我赞美白杨树，就因为它不但象征了北方的农民，尤其象征了今天我们民族解放斗争中所不可缺的朴质、坚强、力求上进的精神。

北京医院到日本考察的人员，不讲排场，不摆阔气，不乱花一分钱，所花费用不到国家规定的一半。

4）重叠形容词的变调。

①单音节形容词重叠，如果重叠部分儿化都要变成阴平。例如：

慢慢儿mānr重叠部分不儿化则保持原调不变，例如：

短短（duǎn）的　好好（hǎo）的

胖胖儿的　圆圆儿的　饱饱儿的

长长的　苦苦的　甜甜的

②双音节形容词重叠，前边字变轻读，后边变阴平。

老老实实　嘻嘻哈哈　热热闹闹

高高兴兴　结结实实　干干净净

4．儿化韵的训练

儿化韵是语流音变的一种脱落现象，除去er韵母本身之外，其他韵母都可以儿化。儿化音变方式有以下几种。

（1）音节末尾是a、o、e、u的，直接加上卷舌动作-r

人家儿　山坡儿　半截儿

风车儿　括弧儿　加油儿

（2）韵母是ai、ei、an、en（包括ui、un、ian、uai、uan和üan）的，失落韵尾，

加卷舌动作-r

窗台儿　被单儿　脸盆儿

土堆儿　手绢儿　一点儿

（3）韵尾是ng的，失落韵尾（ing还要加e），韵腹变成鼻化元音，同时加卷舌动作

秘方儿　相框儿　门缝儿　鼻梁儿

电影儿　胡同儿　叫穷儿　打鸣儿

（4）单韵母i、ü直接加er

眼皮儿　小曲儿　金鱼儿

玩意儿　警笛儿　打旗儿

（5）韵母为舌尖特殊元音韵母-i（前）-i（后）以及ê的，变为央e[ə]加卷舌动作

铁丝儿　瓜子儿　小事儿

橙汁儿　树叶儿　台阶儿

（6）韵母是in、ün的，失落韵尾加er

手心儿　喜讯儿　脚印儿

花裙儿　有韵儿　有劲儿

这么多的规律似乎不容易记，实际上只要把握好一条原则：便于卷舌的直接加-r，不便于卷舌的加er，或去掉复韵母的韵尾再加-r或er。

准确朗读下列儿化词：

脚步儿　粉末儿　山歌儿　号码儿　小妞儿　小羊儿

信封儿　果汁儿　打球儿　喜字儿　花瓶儿　棋子儿

刀把儿　鲜花儿　刘海儿　腰板儿　小鱼儿　快板儿

宝盖儿　门缝儿　帮忙儿　小虫儿　小羊儿　食儿

味儿　单弦儿　刨根儿　唱片儿　名角儿　水纹儿

手印儿　瓜子儿　没影儿

句段练习：

桃花儿开了，小鸟儿在树枝儿上唱歌儿，小鱼儿在水面儿上吐泡儿。

落光了叶子的柳树上挂满了毛茸茸亮晶晶的银条儿；而那些冬夏常青的松树和柏树上，则挂满了蓬松松沉甸甸的雪球儿。一阵风吹来，树枝轻轻地摇晃，美丽的银条儿和雪球儿簌簌地落下来玉屑似的雪末儿随风飘扬，迎着清晨的阳光，显出一道道五光十色的彩虹。

5．语气词“啊”的训练

“啊”一般单独使用或用在句尾，单独用时无变化，用在句尾时由于受到前一个音节末尾音素的影响，常常发生变化。“啊”的变化规律如下。

“啊”是一个表达语气感情的基本声音，作为叹词用在句前，仍念“a”的声音。例如：

啊？你说什么？

啊，伟大的祖国！

如果是语气助词，用在句尾，因受它前面音节收尾音素的影响会发生不同的音变。具体情况如下。

1）前一音节收尾音素是a、o（iao、ao除外）、ê、e、i、ü时，“啊”读成ya。

你从哪来啊？

快给口水喝啊！

2）前一音节收尾音素是u时（包括ao、iao），“啊”读成wa。

她在什么地方住啊？

要下雨了，大家快些走啊！

3）前一音节收尾音素是n时，“啊”读成na。

小姑娘多好看啊！

老刘真是个好人啊！

4）前一音节收尾音素是ng时，“啊”读成nga。

大家商量商量，光着急没有用啊！

老师，我这么做行不行啊？

5）前一音节收尾音素是-i（舌尖后元音）、r和er（包括儿化韵）时，“啊”读成ra。

咱们快点儿啊，再晚就要迟到了！

这究竟是怎么回事啊？

6）前一音节收尾音素是-i（舌尖前元音）时，“啊”读成[za]（za是国际音标）。

师傅说了几次啊，你怎么一点也没有注意到呢！

这是谁写的字啊，真是舒展有力！

以上规律，看上去复杂，其实并不用死记，只要大家注意，“啊”的变化基本上是在前一音节的归音过程中顺势产生的。

句段练习：

1）居民对京城宜居最关注的十大因素为：水电等能源供应、通信便捷度、交通状况、人际关系、日常生活服务机构、房屋朝向、商业发展程度、文化氛围、经济水平及社会治安。

2）在这条长达几十公里的山谷中，清丽流动的水打造出世界上绝无仅有的绚丽美景，演绎成人间仙境、童话世界的绝妙景观，以无与伦比的高雅气质、钏灵毓秀的绝尘风范，让人们向往、亲近。

必备知识

1．普通话的声调

（1）声调的概念及其作用

声调是汉语语音结构中极其重要的组分部分，它同声母、韵母共同构成普通话音节。不同方言区语音的显著区别之一就是声调，这也是造成来自方言区的学生和外国留学生学习普通话的最大障碍，总是让人感觉“味儿”不对。因此掌握声调也是学习普通话语音的重点。

1）什么是声调。

在现代汉语语音学中，声调是指汉语音节所固有的、能区别意义的声音（或称音高）的高低和升降。一个汉语就是一个音节，所以声调也叫字调。构成音节（语言中最小使用单位）的有3种因素：声母、韵母，还有贯穿整个音节的高低升降的声调。声调区别音节的功能与声母、韵母是一样的。声调虽然属于整个章节，但音高变化集中表现在韵腹上。

2）声调的作用。

➢ 区别意义的作用

声调是语音结构中最敏感的成分，普通话有21个声母，39个韵母，可只有4个声调。声调的数目比声母和韵母少得多，在语音结构中的负担自然也就重得多，出现频率很高，其发音错误最易被人察觉。要想掌握好一个音节的读音，必须把声韵调三者结合起来，忽略声调就会造成语义不明，引起误会。比如，bao wei（包围/保卫），wu li（武力/无理），这两组的声母和韵母相同，只是声调不一样，意思也就不一样了，可见音节中的调值稍稍欠缺就会影响整个字音的准确。

➤ 增强语言的节奏感和感染力

声调是语音韵律特征的具体表现，它是普通话表达中最基本、最活跃的因素。在播音中，声调鲜明，字音真切，给人以抑扬的音乐感，可以产生强烈的感染力和悦耳的美感。

在直接表达思想感情的语流里，同一声调的音位里面有高低变化和幅度变化，可传达出不同的感情态度。例如，一般情况下，开朗的人声调的变化幅度可能较大；内向的人声调表现往往压缩幅度，趋于平稳。

➤ 声调的训练能调节气息

声调的练习，一方面解决音准问题，另一方面也可训练气息的控制。根据声调高扬转降不同的音势，可以掌握不同的用气方法，如高音不好就练习上升调的音，低音不好可练习全降调的音，能够使得气息运用灵活自如，强弱适度。

（2）普通话的调类、调型和调值

1）调类。

调类就是声调的类别，它是按声调的实际读法归纳的，调类的名称只代表某种汉语方言声调的种类，而不表示实际的调值。普通话声调有4个调类“阴平、阳平、上声、去声”，就是常说的四声。汉语方言中，调类最少的有3类（如，河北滦县方言），最多的有11类（如，广西博白方言）。现代汉语的声调系统是继承古汉语的声调系统得来的，阴平、阳平、上声、去声这些名称是根据古汉语中“平上去人”四声的名称沿用下来的。普通话与各方言的调类虽都用四声表示，但方言受古调类的影响较大，因此，常常看到这样的情况：不同方言里，调类名称相同的，调值往往不同；调值相同的，也不一定属于同一个调类。调类和调值的关系是：调值是声调的“实”，调类是声调的“名”。

2）调型。

调型主要指声调的高低、升降、曲直的变化形式，并加以确定下来的模式。如，阴平是高平调，阳平是高升调，上声是降升调，去声是全降调。音高变化的形式叫作调型，调型所代表的数值称为调值。

3）调值。

调值即声调的实际读法，就是调类在某一地区所读的实际音值。例如，调类都是阴平，不同的地区念法却不一样。我们从“花”字读音可以看出：

北京人把“花”读为高而平的调，55度。

天津人把“花”读为最低调，11度。

开封人把“花”读为中调，24度。

4）调值的标记法。

通常采用五度标记法记录一个音节声调的调值，这种标记法比较清楚直观，易于使声音形象化，也便于学习掌握。用一条竖线表示声音的高低，由下面最低点到上面最高点分为五度，即低、半低、中、半高、高，分别用1、2、3、4、5依次来表示，如图2-2所示。普通话的声调调值为：

阴平—— 55不升也不降，是高平调。

阳平—— 35从中起音往上升，是高升调。

上声—— 214先降再扬起，是降升调。

去声—— 51从高降到最低，是全降调。

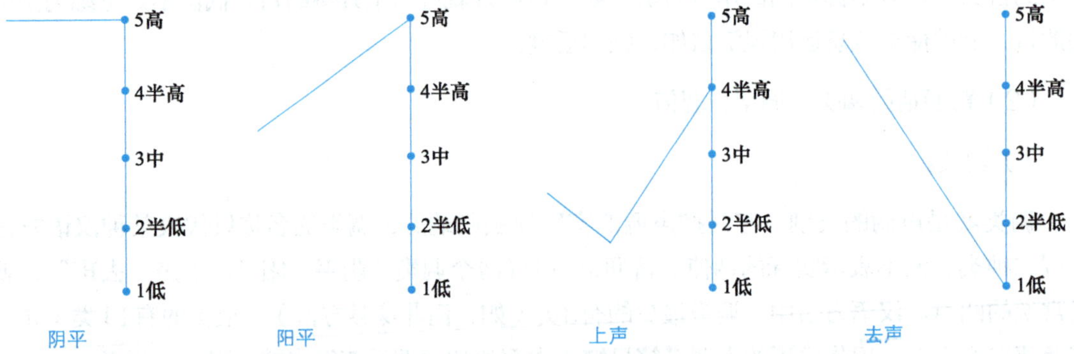

图2-2　五度标记法

（3）普通话声调的把握

普通话声调的发音要领

1）阴平的特点。

高平调（55）音高最高，声音基本高而平，由5度到5度，大体没有升降变化。实际发音在起音后略升高一点，末尾稍有降的趋势，首尾差别不大。发音时气息压力较大，注意气息的平稳。阴平的发音很重要，如发得不准将影响其他声调的调值。容易出现的问题是东北方言、天津方言里阴平较低；还有就是要么高不上去，要么低不下来，容易出现捏挤、劈裂的现象。例如：

bā—— 八、dī—— 低、cāi—— 猜、māo—— 猫

2）阳平的特点。

高升调（35）声音从中高音起音升到高音，由3度到5度。阳平发音起调略高，气息较弱，发音后逐渐上移，压力逐渐增强，达到阴平一样的高度，注意往高音走时不要挤窄，下腹用力。发好阳平的关键在于起调要保持较高，直接上升，不要拐弯曲线上升。例如：

hé—— 和、rén—— 人、tóng—— 彤、píng—— 平

3）上声的特点。

降升调（214）发音时由半低起，先降后升，由2度降到1度再升到4度。起音比阳平低一度，注意气息降时要稳定，升时要加强，如果无气息的支持，整个发音会嘻哑。上声调的降升变化是平滑的弯曲变化，尤其是由1度升到4度的过程，不要有折起的硬拐弯感觉。上声是普通话四个声调中时值最长的，也是唯一有弯曲变化的声调，同时它也是较难掌握的，在语流中变化较多的一个声调。先掌握好上声本调的发音是最关键的。例如：

hǎo—— 好、jiǔ—— 九、mǎn—— 满、yǒng—— 勇

4）去声的特点。

全降调（51）起音的音高与阴平一样，发音后直落最低度，注意要控制气息，不要到最后气竭使发音嘻哑。去声是普通话中四个声调中时值最短的一个，发好去声关键是起调要高，迅速下降，要干脆不能拖沓。例如：

wàn—— 万、pà—— 怕、lì—— 利、suì—— 岁

2. 普通话的音变

（1）轻声

普通话的每个音节都有声调，可有些词或句子里的音节常常失去原有的声调，把它念成又轻又短的调子，叫作轻声。轻声的作用包括如下几点。

➢ 区别词义和词性

我们要明辨是非（fēi）；快些离开那个是非（fei）之地。

这座楼是东西（xī）走向的；我有个好东西（xi）给你。

你在什么地方（fang）；地方（fāng）政府高度重视。

有些轻声虽然不起区别意义的作用，但在普通话中应该读轻声，否则会影响语言的流畅和语气的变化。这就要求我们平时有心积累，要分清轻声，避免造成语义不清。

➢ 使语言流畅、富有节奏感

轻声在语篇里出现的频率很高，能够制造轻重错落有致的节奏，表现出语言的音乐美来。例如，《荷塘月色》的节选，共计117个字，轻声出现36次，体现出散文独特的音韵美。

曲曲折折的荷塘上面，弥望的是田田的叶子。叶子出水很高，像亭亭的舞女的裙。层层的叶子中间，零星地点缀着些白花，有袅娜地开着的，有羞涩地打着朵儿的；正如一粒粒的明珠，又如碧天里的星星，又如刚出浴的美人。微风过处，送来缕缕清香，仿佛远处高楼上渺茫的歌声似的。

（2）儿化韵

1）什么是儿化。

儿化是普通话和某些汉语方言中的一种语音现象，er除自成音节之外，还可以同前面的音节合在一起，使前一音节的韵母成为卷舌韵母，这种音变现象叫作儿化。因儿化发生音变的韵母叫儿化韵。

2）儿化韵的作用。

“儿化韵”在普通话里起着修辞和表示语法功能的积极作用。

➢ 表示喜爱、亲切的情感

这小孩儿是她妈妈的心肝儿宝贝儿！

瞧这个小不点儿红红的小脸蛋儿呀！

➢ 表示少、小或轻微的意思

别为这一丁点儿小事儿就生气！

对待新手，大家可不要从门缝儿里瞧人——把人看扁了。

➢ 区分词性

请帮我把水杯盖儿盖上吧！（“盖儿”是名词，“盖”是动词）

我在画画儿呢！（“画”是动词，“画儿”是名词）

➢ 区分词义

你怎么又迟到了！今天早上头儿发火了。（领导）

小姑娘头上戴朵花。（脑袋）

任务拓展

1. 实训任务：声调音节和音变的实战训练。

2. 任务形式：两人一组，每个人独立完成后进行互评。

3. 任务时限：15分钟。

4. 任务要求：

（1）读准带“一、不”的双音节词语

一一 yī yī	一半 yí bàn	一定 yí dìng	一般 yì bān
不够 bú gòu	不屈 bù qū	不能 bù néng	不及 bù jí

(2) 读准带轻声的双音节词语

刀子dāo zi　车子chē zi　孙子sūn zi　丫头yā tou　后头hòu tou
记得jì de　心思xīn si　知识zhī shi　扎实zhā shi　软和ruǎn he
便宜pián yi　别扭biè niu　拨弄bō nong　直溜zhí liu　硬朗yìng lang

(3) 读准带儿化韵的双音节词语

本色儿běn shǎir　好好儿hǎo hāor　拈阄儿niān jiúr　拔尖儿bá jiānr
纳闷儿nà mènr　墨水儿mò shuǐr　围脖儿wéi bór　一块儿yí kuàir
小曲儿xiǎo qǔr　片儿汤piànr tāng　一会儿yí huìr　做活儿zuò huór

(4) 朗读下列句子，注意“啊”的音变

1）你怎么还不回家呀（jia ya）！

2）他是你大伯呀（bo ya）！

3）好大的雪呀（xue ya）！

4）你发什么呆呀（dai ya）！

5）你看对不对呀（dui ya）！

6）漓江的水真绿呀（lu ya）！

7）这么多够不够哇（gou wa）！

8）这是什么酒哇（jiu wa）！

(5) 读准普通话中常见的轻声词语

爱人　懂得　会计　卖弄　算盘　阎王　鹌鹑　豆腐
忌妒　眉毛　裙子　他们　眼睛　哆嗦　家伙　棉花
冤枉　杯子　妃子　嫁妆　模糊　任务　头发　鸳鸯
北边　费用　煎饼　蘑菇　日子　徒弟　钥匙　本钱
告示　橘子　那么　烧饼　父亲　饺子　那边　嫂子
晚上　云彩　窝囊　早晨　本事　胳膊　觉得　南边

(6) 读准重叠式的形容词

汗津津　汗淋淋　好端端　黑洞洞　黑糊糊　黑蒙蒙　黑黢黢　黑黝黝　黑压压
黑油油　黑黝黝　红扑扑　红彤彤　厚墩墩　虎彪彪　虎生生　黄澄澄　灰溜溜
泪汪汪　冷冰冰　冷清清　冷森森　冷丝丝　冷飕飕　凉飕飕　亮光光　亮哄哄

（7）读下面的句子，注意音变现象

1）这次考试我考得不好，寒假得好好儿补一补。

2）你可以打听一下她去哪儿了么？

3）雪花儿落在她的金黄色的长头发上，那头发打成卷儿披在肩上，看上去很美丽，不过她没注意这些。

4）花里带着甜味，闭了眼，树上仿佛已经满是桃儿、杏儿、梨儿。

5）下午我有事儿，不能去王大婶那儿了，你得替俺扯个谎啊！

任务3 客户服务人员声音形象的塑造

任务情景

花花：“师傅，我和小米最近一直在刻苦练习普通话，声母、韵母方面存在的弱点改变很多了，可是为什么在工作中还是不尽如人意呢？”

师傅：“普通话有改进虽然是必要条件，但我们的工作是专业客服，要想每一通电话都保持良好的沟通品质还是很难的。你想啊，每天我们要面对大量的业务处理，要处理100通电话，面对100个形形色色的客户。你一天接触的人的数量足够一个平常人接触一个星期的数量了。每一个客户都是独立的个体，有着独特的性格和沟通习惯。所以既要保证为客户解决问题，还要在通话中通过你的声音给客户留下深刻印象，这是要下一番功夫的。”

花花：“师傅，听你这么一说我还真有点明白了。普通话说得好只是坐席代表的基本素质，结合自己的声音特点塑造一个优质的坐席代表形象又需要下功夫了，是吗？”

师傅：“是啊。师傅今天教你怎样塑造自己的优质声音。”

花花：“太感谢师傅了，我已经迫不及待要向您学习了！”

任务分析

由于客户对呼叫中心的服务体验首先是来自声音的体验，客户服务人员的语音发声和语言表达对呼叫中心来讲就显得尤为重要了，它直接关系到呼叫中心的服务质量。客户服务人员规范的发音、优美的声音、准确的表达，会使客户通过声音感受到企业的良好形象。从这个层面上讲，客户信息服务人员的工作就是塑造声音形象，通过声音塑造客户服务中心的形象，塑造自己所服务企业的形象。

本任务着重针对如何通过技巧改进语速、音量、语气、音调、节奏等要素进行良好的声音塑造。

任务实施

1．科学的发声训练方法

用嗓不科学容易造成声音嘶哑、喉咙红肿，甚至声带发生病变。系统科学地提高发声能力（气息和共鸣控制、吐字归音及正确用声等），是每个坐席代表应该了解和掌握的技能。

（1）嘴部训练

口腔灵活，说话才利索。一个人通常都感觉早晨起来说话没有下午或者晚上那么利索，是因为嘴部的肌肉休息了一晚上。所以做做口腔体操，可以帮助我们更好地使用嘴巴。

1）口的开合练习。

张嘴像打哈欠，闭嘴像啃苹果。开口的动作要柔和，两嘴角向斜上方扬起，上下唇稍放松，舌头自然放平。做这个练习，可以克服口腔开度的问题。

2）咀嚼练习。

张口咀嚼与闭口咀嚼结合进行，注意舌头要自然放平。

3）舌头练习。

舌尖顶下齿，舌面逐渐上翘；

舌尖在口内左右顶口腔壁，在门牙上下转圈；

舌尖伸出口外向前伸，向左右、上下伸；

舌在口腔内左右立起；

舌尖的弹练，弹硬腭、弹口唇；

舌尖与上齿龈接触打响；

舌根与软腭接触打响。

（2）气息控制训练

没有气息，声带不能颤动发声。但是仅声带发出声音是不够的，想要嗓音富于弹性、耐久，需要的是源源不断供给声带气流。这里介绍一些气息控制的方法帮助控制气流，进而控制声音。

1）胸腹联合呼吸法。

胸腹联合呼吸法是坐席代表在工作时应该掌握的方法。吸气后两肋扩大，横膈膜下降，小腹微收。这种呼吸活动范围大、伸缩性强，可以使气息均匀平衡。理想的状态是做到“吸气一大片、呼气一条线；气断情不断，声断意不断”。注意不能在饱腹的时候训练气息，否则容易造成胃下垂等。有句话叫“饱吹饿唱”。不过对于坐席代表来说不能太饿，否则没力气说几个小时。进行呼吸练习的时候，建议在空腹的时候进行。

练习方法

➢ 慢吸慢呼

总体的要求—— 站稳，双目平视前方，头正，肩放松，仿佛在旷野呼吸花香一样，慢慢吸足气。

要感觉到腰腹之间充气膨胀，气入丹田，但是要收小腹，保持几秒后，轻缓呼出。

可以在呼气的时候加入以下练习：呼气时练习xiao lan（小兰），一声声渐渐远去；或者数数1、2、3、4…，嘴上用力，发音之间不要闭住声门，不要跑气换气，数得越多越好。

➢ 快吸慢呼

吸气时快速并且短促，并保持气息；呼气时缓缓呼出，配合声音、平稳均匀。

呼气时，可以通过以下发声练习：

巴 拔 把 爸 低 答 底 大

夸大上声练习：

好 美 满 想 仰 场

➢ 换气练习

广场上，红旗飘，看你能数多少旗，一面旗，两面旗，三面旗，四面旗，五面旗……

相声小品里的“数来宝”经常用这个形式，大家看电视的时候可以观察演员的呼吸。

2）强控制练习。

要求气要吸得深并保持一定量，呼气要均匀、通畅、灵活。强控制练习需要一点声乐练习知识，在这里不作介绍。可以想象《智取威虎山》里杨子荣喝酒唱歌那一段，最后结尾有个“啊—— 哈，哈，哈，哈哈哈……”基本的感觉就是这样。练习时要体会膈肌和腹肌的作用，发声的时候气息是应该下沉的。参考练习诗词：岳飞《满江红》，毛泽东《忆秦娥·娄山关》，陈然《我的“自白”书》。

3）弱控制练习。

吸气深呼气匀。缓慢持续地发出ai uai uang iang四个音。

夸大声调，延长发音，控制气息。

花红柳绿H—ua H—ong L—iu L—v（发音时，声母和韵母之间气息拉长，要均匀、不断气。）

通过夸大连续，控制气息，扩展音域。

参考练习诗词：李白《静夜思》，孟浩然《春晓》等。

气息控制训练可以把握“深、通、匀、活”四字方针，但要注意气息和内容的结合。

（3）共鸣控制训练

坐席代表在工作中都有这样的体会：遇到听不清的电话时，说话声音就会不自主地变得越来越大，结果声嘶力竭，把嗓子累得要命，不久就有“失声”的感觉。

其实好的用嗓者使用在声带上的能量只占总能量的1/5，而4/5的力量用在控制发音器官的形状和运动上面。在产生共鸣的过程中，共鸣器官把发自声带的原声在音色上进行润饰，使声音圆润、优美。科学调节共鸣器官可以丰富或改变声音色彩，同时起到保护声带的作用，延长声带的寿命。

人们在发声中，多采用中声区。而中声区主要形成于口腔上下，这就决定了用声的共鸣重心在口腔上下，以口腔共鸣为主。发音时双唇集中用力。注意下巴放松，打开牙关，喉部放松，提颧肌、颊肌、笑肌，在共同运动时，嘴角上提。可以通过张口吸气或半打哈欠感受体会喉部、舌根、下巴的放松，这时的口腔共鸣会加大。在打开口腔的时候，同时要注意唇的收拢。

1）口腔共鸣训练。

口腔共鸣发声最主要的一点是发声的时候鼻咽要关闭，不产生鼻泄漏。通过下列练习体会，基本都是以开口元音练习为主。

ba da ga pa ta ka

peng pa pi pu pai

在进行普通话声音训练的时候，多用阴平声调进行，有利于体会声音和气息。

➢ 词组练习

澎湃 冰雹 拍照 平静 抨击 批评

哗啦啦 噼啪啪 咣啷啷 扑通通 胡噜噜

快乐 宣纸 挫折 菊花 捐助 吹捧 乌鸦

➢ 绕口令

山上五株树，架上五壶醋，林中五只鹿，柜中五条裤，伐了山上树，取下架上醋，捉住林中鹿，拿出柜中裤。

2）鼻腔共鸣训练。

鼻腔共鸣是通过软腭来实现的，标准的鼻辅音m、n和ng就是这样发声的。有人觉得鼻音重显得声音好听、有厚度，但是过多的鼻音就像感冒时发出的声音，是不好的。发a、i、u的音，加点鼻腔共鸣体会 。

ma　mi　mu　　　na　ni　nu

➢ 词组练习

妈妈　光芒　中央　接纳　头脑

蓝蓝的天上白云飘，白云下面马儿跑，挥动鞭儿响四方，百鸟齐飞翔。

3）胸腔共鸣训练。

胸腔的空间及共鸣能量大，发出的声音有深度和宽度，声音更浑厚、宽广。进行元音a直上、直下、滑动练习。

➢ 词组练习

百炼成钢　翻江倒海　追悔莫及

小柳树，满地栽，金花谢，银花开。

小结练习

练习一

闻花：远处飘来一股花香，香气四溢，是什么花的味儿呢？你似乎闻到了花的芳香，深深吸进，你会觉得肺的下部及腰部都充满了气息。

练习二

模拟吹灰尘：假如桌面上布满了灰尘，深深吸口气，然后把灰尘均匀地吹净。

必备知识

1．客户服务人员的语言表达

（1）语言表达的技巧

客户服务人员语言表达的重要性在于：客户不购买你的产品或服务是因为他们不了解它，客户购买是因为产品或服务适合他们使用，而这一切的信息和关心负责等情绪都必须通过客户服务人员的语言传递给对方。

客户服务人员的话音传递了客户服务人员的态度。作为一个客户服务人员，你现实的态度是至关重要的。如果客户服务人员感到受挫和沮丧，可以先休息一下，直到恢复到有积极的情绪状态才接下一个电话。建议客户服务人员可以练习通过以下方式调整情绪，如，说话前，深呼吸一下，然后放松和微笑。

客户服务人员可以在电话机旁放一面镜子以便检查自己是否记住了微笑。

话音能够反映个性。每次客户服务人员打电话，客户都会通过客户服务人员的声音作出判断，客户服务人员说话的方式与说话的内容同样的重要。对于声音的质量，服务人员要确保自己以友好且礼貌的方式与每一位客户交流。声音的质量包括：高低音、节奏、音量、语调。

例：分别强调下画线部分，体会所表达的意思有什么不同。

班长说这个电话是你接的。

班长说这个电话是你接的。

班长说这个电话是你接的。

班长说这个电话是你接的。

班长说这个电话是你接的。

班长说这个电话是你接的。

班长说这个电话是你接的。

说话能够传递活力。客户服务人员的激活和热情应该通过客户服务人员的声音来直接表达。我们养成的讲话习惯不易改变，但这种习惯还是可以通过学习和训练改变的。把客户服务人员的声音录下来，看看声音传递给别人多少活力。研究表明，当人们看见你时，你的话音、语调、声调变化和表达占你说话可信度的84%。

做一下练习

用一种声调的声音说，“喂，您好！”

然后再说一遍，设想你见到了一位老朋友。

现在再讲一遍，设想你正与一位啰嗦的邻居谈话。

一个词的发音音调的细微区别远超过人们对说话人的想象。客户服务人员在通电话的最初几秒内就能阅读到客户声音中的许多内容。给某个熟悉的人打电话，听听他们怎么说“喂”。你通过哪个词就可描述它的确切情绪。

（2）语言表达的外部技巧

1）停连。

停连包括两个方面：

停，指停顿。

连，指连接。

有停顿，有连接才能更好地传情达意。

那些不休止、不中断的地方，特别是有标点符号而不休止、不中断的地方就是连接。停顿和连接都是有声语言进行中显示语境、抒发感情的方法。

停顿是同有声语言同时存在的，也可以说是有声语言的“标点符号”。而有声语言的连接必须符合我们生理和心理的需要，有稿件内容制约，受听众心理影响。只有找到正确的位置，才能发挥有声语言运用停连表情达意的作用，达到引人入胜的目的。

2）重音。

重音的问题实际上是词或词组在句子里面的主次关系问题。重音是指那些重要的词组，非重音是指那些次要的词或词组。重音有主要重音和次要重音，非重音部分也有比较主要、比较次要的区别。任何一个句子里都有重音，不过句子在全篇稿件的作用、地位，重音的强调程度、强调方法不同罢了，确定重音切忌杂乱，一定要精和少，表达重音切忌单调，一定要多样。

3）语气。

语气是指在一定的具体思想感情支配下具体语句的声音。

4）节奏。

节奏是有声语言的一种形式。节奏应是思想感情的波澜起伏所造成的抑扬顿挫、轻重缓急的声音形式的回环往复。

节奏的应用有一些常见的方法：

欲扬先抑，与欲抑先扬同为一种方法，在有声语言中造成不同层次的抑扬变化。

欲轻先重，与欲重先轻同为一种方法。

欲快先慢、欲慢先快也是同一种方法。

停连、重音、语气、节奏四者是互相融合紧密联系的，在发音中综合起作用。

（3）语音发声及吐字训练

任何一种乐器都是由动力、振动体及共鸣器组合的，人类的发音系统也不例外。人们以呼出的气息为动力，使喉部的声带振动发音，经过由喉部至口唇的声道共鸣而美化和扩大。除此之外，语音发声的另一个重要环节、吐字，通过口腔控制的方式“可以使人类的声音获得其他任何乐器无法比拟的巨大的表现力”。发音吐字的综合感觉是：声音像一条弹性的带子，下端从小符拉出，垂直向上，至口咽，沿上颚中纵线前行，受口腔的节制形成字音，字音好像被“吸着”而“挂”在硬鄂前部，由上部齿外弹出，流动向前。有人形容为：言语声的链子像一串明珠从口流出。

这种感觉大致可概括为：

气息下沉，喉部放松；

不僵不挤，声音贯通；

字音轻弹，如珠如流；

气随情动，声随情走。

前四句讲发音，五六句讲吐字，最后讲声音弹性的取得。

2．电话客户服务对声音质量的要求

客户服务人员打电话给别人或是接听电话的时候，与客户一样都会在脑中描绘通话对象的样子、神情。电话服务不能面对面的交流，因此，要使用简单句来描述产品或服务。语调就像图画，会直接影响客户的反应。不管客户服务人员相信与否，客户服务人员脸上紧张的表情会体现在客户服务人员的声音里。从这个意义上来讲，声音是第二外貌。客户服务人员的话音质量是客户服务人员显示积极态度的有力体现。客户服务人员话音中带笑，将显示一种更友好的形象。

声音的发出是一种物理现象。人们能听到声音，是因为声源的扰动，在周围大气中传播而形成声波。人们听到的声音可以分为乐声和噪声两大类。有一定规律、一定波形、一定频率的声波形成乐音，而振动无规律，没有一定波形和频率的杂乱无章的声波则是噪声。人们通常说话中的元音以乐音成分为主，而辅音多为噪声成分。

语音的物理本质就是有振动与声波传递的信号。人的耳朵则是声音信号的接收器。声波的物理性质包括频率、强度、谐波含量与时值。这四种性质对于人的效应分别称为音高（音调）、音量或音强、音色（音品、音质）和音长。

（1）音高

音高指声音的高低。它主要取决于发音体的振动的频率，也就是每秒振动的次数。单位时间内振动次数多，频率高，声音就高；振动次数少，频率低，声音就低。物体发音的高低有种种原因。一般来讲，发音体大、长、松、厚的，振动慢、频率较低，声音也比较低；发音体小、短、紧、薄的，振动快，频率高，声音也比较高。比如，男性的声音较厚而长，平均波长约为20～22mm，基频为60～200Hz，所以说话声音较低；女性的声带较薄而短，平均波长为15～19mm，基频为150～300Hz，所以说话声音较高；儿童声带未发育完全，基频为200～350Hz，说话声最高。

（2）音量或音强

音量或音强指声音的强弱。一定频率的声波强度依赖于它的振幅。振幅越大，声音越

强；振幅越小，声音越弱。而振幅的大小是由使发音体振动的外力大小决定的，比如人们日常生活中敲鼓，用力大，振幅大，则声音强。

（3）音色

音色使人们在听觉上区别具有同样音高、音强的两个声音不同的特性，也就是声音的独特品质、声音的个性。音色取决于声波的谐波的含量，即所含的泛音数目和它们的相对强度，即声谱。人的声音是由许多频率不同的声波合成的，不但有基音，也会有不少泛音。不同的泛音的数与量形成了不同的合成波形。丰富的泛音使声音动听。高泛音使人感到愉快明朗，低泛音给人以深沉有力的感觉。

（4）音长

音长取决于发音体振动的持续时间。在语言发声中，音长通常指音节的长短。音长的变化直接影响语言的速度，而且是组成语言节奏的重要元素。现代汉语普通话每个音节的音长一般为0.2～0.4秒。

从声音特性角度看，音色与音长、音强等特性的组合，在听觉上形成元音和辅音；音高与音长、音强等特性的组合，在听觉上形成声调和语调；音色、音高、音长、音强的组合，在听觉上则形成语气和节奏。人们的口语是一串串连续的语音流组成的序列，它们随时间而变化。

电话交流时，我们应该匹配客户的谈话节奏和环境，保持与客户交流的一致性。例如，客户谈话轻柔的情况下，我们也应该轻轻讲话；客户在嘈杂环境中致电，我们也应该将语速相应提高。如此才可以保障彼此沟通。

（5）好的声音应该注意的要点

合适的速度

不管客户服务人员平时讲话的语速如何，在与客户讲话时，要使用标准语速，即不能太快，也不能太慢。说话太快，会让客户听不明白；说话太慢，可能会使客户分散注意力。

合适的音调

作为一名客户服务人员，不能获得对自己有帮助的可视的反馈信息，因此，音调对于保持与客户的联系是至关重要的。合适的音调可以帮助客户保持注意力。

合适的音量

如果客户服务人员说话声太大，客户不可能被分散注意力。如果客户服务人员的说话声太柔和，客户可能会注意听客户服务人员的个人用语而忽略了信息。

声音太小、太弱会令人觉得客户服务人员缺乏信心，从而不会重视客户服务人员；声音太大或太强会让客户产生防备心理，他觉得客户服务人员太强大了。

清晰

客户服务人员已经理解的意思，别人不一定马上懂，所以要求客户服务人员要吐字清晰，把每一个词表达清楚。

发音的过程可以概括为呼吸—— 振动—— 共鸣三大环节。经控制而产生的气息通过对喉部声带的冲击产生喉原音，经共鸣后得到扩大化和美化，形成不同的语音音色。语音控制的方法通常包括以下三种。

➢ 气息（呼吸）控制。语音电话服务中，对气息控制的要求，主要是要有较持久的控制能力，保持较为稳定的气息压力，能够根据需要及时补气并且能够在相当幅度内做细微的调整。气息运用得稳定可以给服务对象以从容不迫的感觉。

➢ 喉部发音（声带）控制。客户服务人员喉头控制要领为：喉头相对稳定并保持放松，喉部控制与气息控制相配合，即所谓的气到声门闭。注意克服挤捏喉部、假声成分过多等发音毛病。

➢ 共鸣控制。客户服务人员语音控制中对共鸣的要求是：通过调节控制取得较丰富的口腔共鸣，善于运用胸腔共鸣使声音结实有力。

3．保持专业友好声音形象的方法与原则

（1）保持专业友好声音形象的方法

当客户服务人员通过电话与客户沟通时，客户无法看到客户服务人员的面孔，无法真切地与其接触，沟通的途径就是电话。如果要与客户建立良好的沟通氛围，使客户信任客户服务人员，愿意把问题交给客户服务人员解决，体现给客户的就应该是其专业的声音形象。如何保持专业友好的声音形象呢?

1）头脑清醒。

在与客户沟通中，要保持清醒的头脑，对客户提出的每一个疑问，都能够迅速作出反应，让客户感受到我们的专注。

2）声音让人感觉是高兴的。

无论什么情况，客户服务人员都应该在电话的这端保持微笑，因为客户能感觉到，客户能透过高兴的声音感受到热情，感受到对方愿意帮助的态度，使客户更愿意与对方沟通。

3）自然不做作。

要用流畅的语言和语气与客户沟通，自然顺畅不做作。

4）讲话有特色。

可以在与客户的沟通中体现自己的个性和特点，用个人魅力来吸引客户愉快的交谈。要做到给客户提供个性化的服务。

5）富于表情的听。

要把跟客户的每次沟通看成是一次愉快的交流，要在每一句话中都注入感情，让客户感觉客户服务人员是在用心与之交流。

6）嗓音放松，呼吸自然。

在与客户的沟通中同样要保持嗓音放松，一方面客户服务人员工作一整天，嗓子会很累；另一方面，放松的嗓音带给客户的是平坦的心怀感觉，会加强客户对我们的信任感。

7）表达清晰，阐明观点时简单易懂。

在与客户陈述观点时，应该有条理性，表达清晰，简单易懂，让客户可以在最短的时间内了解所阐述的观点并认可。

8）有抑有扬。

适当的语音语调都抑扬顿挫，可以使声音更富有表情。

（2）保持专业友好声音形象的原则

- 保持你的声音带着“微笑”。
- 表明你愿意帮助他。
- 表示出你的热情。
- 让人听起来自信。
- 证明你知道你正在讲什么。
- 保持积极的、愿意帮助的态度。
- 对于出现的问题，承担责任。

4．客户服务人员声音形象的塑造

呼叫中心是由各种硬件和软件组成的，通过各个部门协同来实现其功能。但是呼叫中心工作的最终完成体现在客户服务人员的服务中。换言之，客户服务人员的服务就是呼叫中心的产品。这种产品是无形的，但却是真实可感的。由于客户对呼叫中心的服务体验首先是来自声音的体验，客户服务人员的语音发声和语言表达对呼叫中心来讲就显得尤为重要了，它直接关系到呼叫中心的服务质量。客户服务人员规范的发音、优美的声音、准确的表达，会使客户通过声音感受到企业的良好形象。从这个层面上讲，客户服务人员的工作就是塑造声音形象，通过声音塑造客户服务中心的形象，塑造自己所服务企业的形象。

声音对客户服务人员来讲之所以重要，是由客户服务人员与客户交流的方式决定的。这个交流行为是在双方互不见面的状态下进行的，这样副语言系统在这一行为中就缺失了。比如，丰富的面部表情、灵活的手势、生动的身体语言等在电话交谈时是不可见的。因此，声音成为唯一的交流手段，声音在客户服务人员的谈话过程中就得承担起更多的功能。缺失的副语言都要通过有声语言来表达，这时的有声语言已有别于日常的有声语言。客户服务人员必须通过专业训练才能具有此类有声语言，这种有声语言是具有声音形象的。

（1）准确传递信息

呼叫中心主要是借助语言来完成信息交换的。目前，在国内，这一任务主要是通过客户服务人员的有声语言来完成。这对客户服务人员的语音、发声、语言表达提出更高的要求：规范的发音、得体的表达、优美的声音，这样客户服务人员才能准确而有效地传达信息。

客户服务人员准确清晰的发音是保证客户正确接收信息的基础。客户服务人员的信息传递过程就是把所要传递的信息编码通过有声语言传递给客户，客户在倾听时，其实是在解码。如果客户服务人员口齿不清、发音不准、念字不清，信息就会南辕北辙。尤其是现代汉语许多词所包含的音节数量少，可负载的信息量大，每一个字的发声部位、方法稍不到位，就容易产生歧义；再加上电话传输设备带来的杂音、噪音也会影响字音的清晰度。所以呼叫中心的客户服务人员就要克服一般口语中出现的毛病，如语速快、说话含糊、唇舌力度不够等。客户服务人员应通过掌握普通话语音学知识以及持之以恒的专业训练，做到准确高效地传递信息。客户服务人员只有研究和掌握这些声音形式的规律和表达技巧，才能与客户建立起畅通的信息渠道，从而提高客户的满意度。

（2）积极交流情感

在客户服务人员的信息传递过程中，有声语言的交流除客观信息外，还有情感信息。客户服务人员在服务中负担着满足客户的客观信息需要和情感服务需要的双重需要。如果在信息的传递中缺乏情感因素，就不能算是一次完整的信息传递，这种交流也是不会成功的。客户服务人员每一次服务活动都应该是真诚的，对客户充满尊重、友善之情，不能机械地、千篇一律地对待不同心情、不同需求的客户面对着冷冰冰的话筒说着冷冰冰的话。从客户服务人员拿起听筒说第一句问候开始，就应意识到，自己面对的是一个客户，一个活生生的有血有肉的人。虽然客户与客户服务人员不见面，但是客户服务人员的心情、面部表情、甚至微妙的心理活动、下意识的小动作都会在不经意中渗透到声音中，通过话筒暴露无遗。因此，客户服务人员从第一声问候开始就要发自内心，不能是例行公事式应付，情感应该随交谈内容的展开进入状态，时时与客户情感相通，切忌心不在焉、虚与委蛇；要对客户面临的问题感同身受，声声相应。只有这样，客户服务人员的声音，才能情动于衷，声发于外，树立起一个完美的声音形象，真正完成一次信息交流。

客户服务人员在具备良好的语音发声和语音表达的专业基础上，对客户应倾注更多的情感。事实上，在很多时候，成功的交流与其说是依靠客户服务人员良好的专业技能，不如说是客户被客户服务人员的真情实感所打动。因此，客户服务人员要把语音发声和语言表达与自己的情感紧密结合起来，树立良好的声音形象，否则，一切努力都会付诸东流。如果说客户服务人员的声音是一朵花，那么情感就是一片沃土，只有当这朵小花深深植根于这片丰腴的土壤中时，它才能开出美丽的花朵。

（3）恰当控制情绪

客户服务人员应适时调整自己的不良情绪，用自己的责任心、训练有素的专业知识来营造美好的声音形象。客户服务人员在工作中常常会接到投诉电话，客户劈头盖脸一通怒火直冲客户服务人员而来。作为一个常人，面对攻击一般都会作出强烈的情绪反应和语言冲突。但是，作为客户服务人员的你，职业素养要求你不能这样做。客户服务人员应该想到，你只是工作状态中的一个角色，客户大发邪火不是针对客户服务人员本人而发，更不是针对客户服务人员进行人身攻击。客户只不过是对客户服务人员这个角色以及客户服务人员所代表的公司、企业或产品发火。因此，客户服务人员一旦坐到工作前台，应该想到，你就只是一个社会角色—— 客户服务人员。你要努力完成这一社会角色赋予的责任，调整好自己的心态，控制好自己的情绪，用积极的心理来调动自己的嗓音，使发音流畅，音调愉悦，音色圆润动听，通过良好的声音来感染客户，从而使客户的愤怒冰释。

当然客户服务人员这个社会角色不是戏剧中的角色。戏剧中的角色是假设性的，而客户服务人员的社会角色却是真实存在的。客户服务人员也有别于电台、电视台的播音员，他们不仅要以纯正的发音清晰地传递信息，而且需以参与者的身份直接参与到客户需求的满足、问题的解答、困惑的释疑中。因此，客户服务人员用声提倡用实声，用真情实感与客户推心置腹地交流，诚挚地面对客户。用真诚、热情在客户心中树立起良好的声音形象，进而打动客户，争取潜在的客户，为企业创造出新的商机。

但是客户服务人员作为社会个体，在日常生活中也会遇到不顺心的事，情绪难免会有波动。这时，客户服务人员就要把自己在生活中的个体与客户服务人员这个社会角色区分开。只要你坐到工作前台，就不要把个人的不良情绪带到工作中，更不能因私事心情不好就把这种情绪发泄到客户身上。客户服务人员应当想到工作台前的一言一行所塑造的声音形象，代表的是一个群体，不是个人形象，这就要求客户服务人员要调整好心态，抛弃个体的恩怨和不良情绪，以饱满、积极的态度为客户服务。

关于客户服务人员声音形象的塑造，不可能在这短短的篇幅中得以尽释，围绕这一话题，还涉及客户服务人员需掌握用气发声、吐字归音、共鸣训练、嗓音保护等语音知识；客户服务人员能运用停顿、重音、语调和语气、语速与节奏等语言表达技巧；客户服务人员应具备良好的服务品质，包括用心倾听客户的诉求、准确理解客户行为、积极受理客户提出的问题等。

任务拓展

1．实训任务：根据下面情景要求进行角色对话，体会不同情境下的对话情绪。

2．任务形式：两人一组，一轮实训结束后进行角色互换，每个人独立完成后进行互评。

3．任务时限：10分钟。

4．任务要求：根据下面情景要求进行角色对话，结合教师指导进行。

情景1

某商旅服务酒店预订客户服务中心，电话铃响起。

坐席代表（带有方言且表达懒散，语速慢）：“您好，有什么可以帮您？”

客　　户（皱眉头，忍耐）：“我从你们这订了个房间，说是已订好但我收不到确认短信，我都不知道地址在哪？”

坐席代表（仍然很懒散，语速慢）：“你提供一下会员号码，我查一下。”

客　　户：“20130201111。”

坐席代表（过了半分钟，语速超快）：“你订的房间已经订好了，短信已经给你发过两遍了。你要不再等一下。”

客　　户（开始不耐烦坐席代表的工作态度）：“那你再发一遍行吗，要不你现在就直接告诉我酒店地址我记一下。”

坐席代表（大声并且快速地）：“上海市杨浦区第七大道甲275号上海金色假日国际酒店。”

客　　户（不由自主地说话也大声起来）：“你为什么不能说话慢点呢？你们短信发不过来又不是我的问题，再说我也没怪你们，跟你要地址你还说这么快，我都记不下来。你这是什么工作态度！”

坐席代表：“我态度没问题啊，不都是按你说的做的吗？”

客　　户：“你再说一遍，慢点说，这会没时间和你多说，等我到了酒店再投诉你！”

情景2

某品牌电视售后服务中心，电话铃响起。

坐席代表（带着方言，说话声音小）：“您好，咋地了？说吧！”

客　　户（很着急）：“我家电视坏了。”

坐席代表（说话声音还是很小）：“咋就坏了，你说清楚原因啊！”

客　　户：“就是好像开关不太好用，有时候打不开，打开了以后半天电视也不亮，只有声音没有画面，这是什么原因啊？”

坐席代表（说话声音突然加大，有点要吵架的感觉）：“打不开？打开了还没画面？你说的打开是用遥控器还是用电视上面的开关啊，你得说清楚，说不清楚我可判断不出来。”

客　　户（为了能够获得帮助，只好忍耐）：“用遥控器和电视上的开关都是一样的，半天打不开，开了没画面，这电视刚买没多长时间，你们的电视质量也太差了吧。”

坐席代表（说话声音还是很大）：“我们电视质量挺好的，你说这事还头一回出现，别的用户都没出现过这样的情况。是你使用不当吧？”

客　　户（忍无可忍，也发起脾气，说话声音大了起来）：“你这是什么工作态度？你态度不好也就算了，还怪我不会用电视，现在的电视谁不会用啊。你赶紧说怎么办吧？是修、是退、还是换？”

坐席代表（声音又变的小了起来）：“那这个得具体情况具体分析了，我在电话里也不清楚情况，是修、是换、是退不是你我说了算的。那得看检验结果。你等工程师上门吧！”

客　　户（很不满意，大声）：“你这态度越来越差了，我要投诉你！”

情景3

某银行信用卡客户服务中心，电话铃响起。

坐席代表（语气正常）：“曾小姐您好，很高兴为您服务，请问有什么可以帮您。”

客　　户（非常着急）：“那什么，我刚才用你们的自动存款机还款，钱放进去机器就出毛病了，说什么还款没成功，钱给我吞了卡吐出来了，我放里面1500元一张没出来，怎么办啊？我一直都是用自动存款机还款的，从来没出现这样的问题，这次怎么会被吞呢？对了，还有我的卡也被吞了，到底怎么办啊？”

坐席代表（见怪不怪，语气上有点不耐烦，还有点傲气，感觉客户有点大惊小怪）：“这个不要着急，问题可以解决的，你存完钱被吞了之后存款机报错后应该给您打印出一个凭条，上面有AEAR开头的内容吧，您看一下后面的数字是多少？”

客　　户：“是139。”

坐席代表（语气还是很冷漠）：“好的，您刚才存了1500元是吗?”

客　　户（依然很着急）：“正好1500元，都吞了，这个到底怎么办啊？”

坐席代表：“这个需要总行为您做转账，情况我已经记录下来了，转账的时间是5～7个工作日，别着急，等几天。然后在那几天查询一下这笔款是否到账，如果有问题再打电话咨询。”

客　　户（心情有点平和了）：“啊～这样啊，能解决就行，我以为这钱被你们没收了呢～”

坐席代表：“这怎么会呢？只是机器的故障导致的，我们都会做记录的。5天后再查账好吧，您看还有其他问题需要解决吗？”

客　　户（又着急起来）：“有啊，我那卡怎么办啊，也被吞了啊。”

坐席代表（开始不耐烦起来）：“哦，你那张卡是不是到了有效期了？要是到有效期用卡在机器上使用就会被收回的，要不就是机器的故障，这个你联系银行大堂经理就行了，我这帮不了你。”

客　　户：“嗯，确实是到了有效期了，新卡我忘记用了，那我去找大堂经理吧。”

坐席代表：“还有其他问题吗？”

客　　户：“没有了，谢谢。”

坐席代表：“好的，不要挂机，请对我的服务给予评价。”

IVR语音播报：“您好，请您对我的服务给予评价：1. 非常满意；2. 基本满意；3. 不满意。”

客　　户（选择按2键）……

情景4

某票务预订客户服务中心，电话铃响起。

注意：整通电话坐席代表的表达非常机械。

坐席代表：“您好，卓越票务，请问有什么可以帮您。”

客　　户：“是能订票么？”

坐席代表：“可以的先生，请问您需要订什么票？”

客　　户：“我想在孩子开学前带她去看个演出或者电影什么的，不知道有没有适合的。”

坐席代表：“您是希望能有一场物美价廉的演出并且能够使孩子得到一些教育意义是吧？请问您孩子多大，您对票价有什么要求吗？”

客　　户：“对，我就是这个意思，孩子还在上小学。票价差不多就行。”

坐席代表：“好的，那我向您介绍一个儿童剧，叫《堂吉诃德妄想记》，地点在乐童剧社，乐童剧社是专为儿童组织剧社，是真正做到让孩子们看适合孩子们的戏。戏剧创意完全来自孩子，孩子们用自己的想象力完成更多的艺术作品。票价也不贵，学生票20元，成人票30元，一家三口才80元，您看可以么？”

客　　户：“嗯～这个挺好。那我要三张，给我选三个好位置吧。怎么给您钱啊。”

坐席代表：“北京地区可以送票上门，票到付款，四环以内地区200元起免费送票，不足

200元收取10元快递费；四环以外酌情收费，外省市客户可根据不同情况，采取EMS、留票自取、送交第三方等方式取到票品。”

客　　户：“那行，就是加10块钱呗，我住4环内。”

坐席代表：“好的，请您提供一下具体的地址，邮编，您的姓名及联系电话。”

客　　户：“朝阳区东土城路15号，月华小区3号楼5单元1202，邮编100202，我叫张智成，电话就是这个13456473829。”

坐席代表：“好的，张先生，我重复一下您的订票信息，您订的是儿童剧《堂吉诃德妄想记》演出票三张，其中一张学生票，两张成人票，总票价90元，含邮费。您的地址是，朝阳区东土城路15号，月华小区3号楼5单元1202，邮编100202，收票人是您本人张智成张先生，您的联系电话是，13456473829，对吗？”

客　　户：“对对对”

坐席代表：“好的，您还有什么问题需要咨询吗？”

客　　户：“没有了。”

坐席代表：“好的，感谢您对卓越票务的支持，张先生再见！”

客　　户：“再见！”

情景5

某便民服务热线客户中心，电话铃响起。

注意：整通电话坐席代表的每次表达都要一口气表达完。

坐席代表：“您好，便民热线，请问有什么可以帮您？”

客　　户：“我想安装有线电视，我们这个小区比较老旧，但是很多居民已经安装了有线电视。只是我租的这个房子估计很多年没人住，没有安装。现在，怎么办手续呢？”

坐席代表：“好的，为了更好地为您服务，请问您的全名怎么称呼？”

客　　户：“我姓王，叫王晓明。”

坐席代表：“王是三横一竖王，晓是拂晓的晓，明是明天的明，对吗？”

客　　户：“嗯，对。”

坐席代表：“好的，王先生，办理有线电视报装，首先需要和所属城区内的营业厅联系，确定是否符合报装条件，如果符合的话，需要携带身份证和身份证姓名一致的活期储蓄可结算的个人账户去办理即可。”

客　　户：“哦，那费用是多少啊？”

坐席代表：“初装费也就是入网建设费，城八区用户，平房320元，楼房300元。部分远郊区县的初装费有所不同。我可以为您做个基本的信息记录，告诉您所属的营业厅和您主动联系，您看可以吗？”

客　　户：“那更好了。”

坐席代表：“好的，请问您的住房地址是在哪里？”

客　　户：“地址是：石景山区玉泉路10号院6号楼4单元502室。”

坐席代表：“好的，您是住在石景山区玉泉路10号院6号楼4单元502室。请问您的个人联系电话是多少呢？”

客　　户：“我的电话是13723456340”

坐席代表：“好的，您的电话是13723456340。王先生，请留下您的身份证号码。”

客　　户：“现在就需要留身份证号码吗？”

坐席代表：“您留下的信息越全面，营业厅为您服务时就越方便。”

客　　户：“嗯，那你记一下吧，380203198203243324。”

坐席代表：“好的，我为您重复一下，您看是否正确：380203198203243324。”

客　　户：“嗯，对的。”

坐席代表：“王先生，您所属城区的营业厅联系电话是：87654321。您也可直接和营业厅联系。”

客　　户：“好的，谢谢。”

坐席代表：“不用客气，很高兴为您服务！”

通过角色对话，谈一谈你遇到的坐席代表都有什么特点？这样的服务你喜欢吗？为什么？最后谈一谈你的体会。

____

____

____

Project 2

项目 2

专业化服务表达训练

项目描述

花花作为华唐呼叫中心的一名坐席代表，已经通过基础知识的培训走上坐席岗位，接听客户的电话。如何运用专业化表达更好地为客户服务是需要快速掌握的基本技能。在与客户沟通的过程中，优雅的电话礼仪、甜美的声音表达、专业的服务用语、灵活的沟通技巧、热情的服务态度等都能够传达给客户，从而给客户一个良好的体验，赢得客户的尊重和信赖，进而为客户提供更好的服务。除此之外，工作中的言谈举止也代表着企业和行业的形象，与企业的生存和发展有着必然的联系。因此，专业化服务表达训练是必不可少的环节。

本项目中，通过客户服务标准服务用语、客户服务常用技巧、客户服务沟通技巧三个任务，帮助学生塑造专业而甜美的声音；使学生了解接打电话的礼仪规范；让学生掌握客户服务标准服务用语和专业化服务表达技巧，能够独立完成电话接听任务，为客户服务。

任务1 客户服务标准服务用语

任务情景

花花：“师傅，您好！我还没有开始正式上线接电话，很紧张，不知道接到电话后该说什么。”

糖糖：“你好，花花，不用紧张，你也培训过了，知道呼叫中心的业务是有标准服务用语的，只要你熟练掌握客户服务标准服务用语很快就能上线接电话了。”

花花：“如何能够快速地掌握客户服务标准服务用语呢？”

糖糖：“在不同的时间和不同的状况下有不同的标准服务用语，问候语、结束语等都不一样，想要尽快上线工作就要熟练掌握这些标准服务用语。没有便捷的方法，只有反复背诵，熟练记忆，才能更好地为客户服务。我来帮你归纳一下吧。”

花花：“那太好了，谢谢您，师傅！”

任务分析

呼叫中心坐席代表要做到令客户满意的优质服务，需要具备良好的电话礼仪、沟通能力及有效解决问题的能力，只有做到这三点，才能成为一名具备综合职业素质的高水准坐席代表。电话是客户与企业的坐席代表之间相互沟通的主要方式之一，坐席代表从拿起电话的那一刻开始，一言一行都代表公司的形象，因此接打电话时要注意一定的礼仪和技巧。

服务用语既是坐席人员专业素养的体现，也是企业的形象所在，因此规范而专业的服务用语对于客户服务人员来说尤为重要。在电话接起时，坐席人员首先要用温柔而亲切的问候语开始交流。专业而甜美的问候语可以给客户带来美好的体验，这也是坐席人员业务成功的起点。其次，应在沟通过程中巧妙地使用规范的服务用语。在沟通过程中，规范的服务用语可以帮助坐席人员解答客户提出的问题，更好地为客户服务，同时避免不必要的麻烦。解答完客户的问题后，用专业而礼貌的结束语结束本次通话，既能反映出坐席人员良好的职业素养，又能给客户留下美好的印象。但是在沟通过程中可能会出现一些问题，如客户听不清、客户抱怨和投诉等。这时，坐席人员要沉着冷静，运用专业知识和标准话术帮助客户解决问题。

任务实施

1．做好接电话的准备

（1）电话接听礼仪

① 应该愉快而迅速地接听电话，尽量不让客户等太久，但不要电话一响起就接听。

② 应致以简单的问候，语气轻柔、亲切简洁。问候是与客户交流过程中很重要的一部分，开始的几秒是至关重要的。问候是对客户的欢迎，也给通话奠定了基调。坐席代表接听电话时需要使用礼貌的问候语：“您好，×××很高兴为您服务，请问有什么可以帮助您？”

③ 正确地使用礼貌用语，如“麻烦您”“请”“谢谢您”“请稍后”“您好”“再见”等。

④ 按照年龄、性别正确地称呼客户。

⑤ 确定对方拨错电话时，要耐心地告诉对方：“对不起，您拨错电话号码了！”如果自己拨错电话了，一定要先向对方道歉，然后挂机重拨。

⑥ 接听电话时要简练、自信，主动回答客户提出的问题的要点。

（2）电话等待礼仪

① 让客户等待的时候，需要告诉客户等待的原因，如“请稍等，正在为您查询”。

② 客户等待的过程中，一定要谨记他们是在听着的，时刻记住客户正在等待，并可以适当地与客户谈论相关的话题。

③ 等待结束时，要感谢客户的等待，如“非常感谢您的耐心等待”。

（3）电话结束礼仪

① 在电话结束的时候要感谢客户的来电：“感谢您的来电，祝您生活愉快，再见！”

② 若因为某些原因需要中断电话时，应向客户说明原因并得到客户的允许后才可以离开电话旁。

③ 一般电话结束的时候要等待客户先挂断电话。

2．进行礼貌问候

（1）问候客户的服务用语

坐席代表应在响铃的三声之内接起电话，并且致以问候语，自报姓名或者工号，婉转询问客户是否需要帮助。坐席代表在接听电话时应该以积极、开朗的语气，微笑着表达自己的问候。例如，“您好，很高兴为您服务，请问有什么可以帮您？”“您好，这里是……请问有什么可以帮您”“您好！欢迎致电……”

（2）沟通出现障碍时的服务用语

沟通过程中出现障碍时，首先应该明确原因，如声音小、声音嘈杂、信号不好及客户讲方言等。根据不同的原因合理地运用礼貌用语：“对不起，我没有听清楚您讲的问题，麻烦您再说一遍好吗？”或者“实在抱歉，因为×××的原因，我没有听清您的讲话，麻烦您重新打过来好吗？”

3．使用服务用语

沟通中，标准而规范的服务用语体现了坐席代表的职业素养，能增加客户的认同感，提升企业形象。例如，以下为坐席代表与客户的对话。

案例

坐席代表：“您好！很高兴为您服务，我是××呼叫中心1203号坐席代表，请问有什么可以帮您？”

客　　户：“你好！我家的网不通了，不知道是怎么回事儿。”

坐席代表：“请问是什么时候开始的呢？”

客　　户：“10分钟之前。”

坐席代表：“请问您是用打电话的这个手机号码绑定的宽带吗？”

客　　户：“是的。”

坐席代表：“请问您的身份证号码是××××吗？”

客　　户：“是的。”

坐席代表：“好的，请您稍等，麻烦您看一下路由器的指示灯亮吗？”

客　　户：“等一下，我去看看。”

……

客　　户：“亮着呢。”

坐席代表：“请您看一下亮了几个？是都亮着，还是只亮一两个？”

客　　户：“亮了3个！”

坐席代表：“麻烦您拔一下路由器，过1～2分钟再插上看看可以吗？”

……

客　　户：“还是不行。”

坐席代表：“请您不要着急，请问您的住址在哪里？”

客　　户：“北京市海淀区……”

坐席代表：“请问您或者您的家人是否修改过密码？”

客　　户：“没有修改密码！”

坐席代表：“请您少安毋躁，我已经将您的情况上报，并预约了维修工程师，他会在24小时内给您致电，与您商讨上门维修时间。请您再说一下您的具体地址和上门维修时的联系电话好吗？”

客　　户：“我的电话就是这个，地址是……”

坐席代表：“好的，谢谢您，请您注意接听电话。请问还有其他需要帮您的吗？”

客　　户：“没有了，谢谢！”

坐席代表：“不客气，感谢您的致电，祝您生活愉快！”

礼貌地结束通话。

规范而礼貌的结束语会给顾客留下美好的印象，同时为企业树立良好的形象。例如，“感谢您的来电，祝您生活愉快，再见！”

从上面的案例可以看出，坐席代表在沟通的每个环节都要运用标准服务用语，耐心、热情地为客户服务，在展现专业素养的同时，帮助客户解决问题。

4．使用礼貌而规范的结束语

使用“感谢您的来电，祝您生活愉快”“感谢您的信任，晚安”等礼貌而规范的结束语结束通话，会给客户留下美好的印象，增加客户认同感，提升企业形象。

必备知识

1．基本的电话礼仪

（1）电话礼仪中的“宜”

① 在告诉客户公司名称之前，应该说“早上好”“下午好”“晚上好”等问候语，如果遇上重要的节日，如法定节假日或者圣诞节等需要问候客户“节日快乐”。

② 说话时保持愉快的声音并且语速适中。

③ 在客户长时间说话时要适时地给予客户回应。

④ 让客户等待时一定要说明原因。

⑤ 谈话过程中要保持热情，有礼貌，并且耐心倾听。

⑥ 说“再见”之前要向客户表示感谢。

⑦ 在客户挂机之后才可以挂电话。

⑧ 如果承诺了给客户回电话，就不要忘记，否则容易失去客户的信任。

⑨ 记录需要给客户回复的信息。

⑩ 在客户挂断电话之前，要重复所记录的内容，尤其是关于电话、邮箱地址和通信地址等信息。

（2）电话礼仪中的“忌”

① 问候客户的时候，仅说“您好”。

② 客户服务用语中，说“你”“喂”。

③ 在很吵或者很安静的环境中，说话的声音太大或者太小。

④ 在倾听客户说话的时候完全保持沉默。

⑤ 很长一段时间没有回音，客户以为电话已经挂断。

⑥ 在客户未挂断电话时就挂断电话。

⑦ 忘记做记录。

⑧ 依靠记忆记录客户问题及信息。

⑨ 未和客户确认所记录的信息之前就让客户挂断电话。

⑩ 频繁使用口头语，如“就是说”“这个（儿）”“那个（儿）”“没问题”“嗯”“然后”等。一次通话过程中，使用的口头语的次数应该累计超过三次。

⑪ 在客户发脾气的时候自己也发脾气。

⑫ 随意使用生活用语，如“喂”“我不清楚”“啊”“得了”“行了”“OK”“哎”“你”等。

⑬ 说客户听不懂的专业术语。

⑭ 让客户等候后，就马上告知客户查询结果。

2. 标准的服务用语

规范服务用语的基本标准包括吐字要清晰、音量要恰当、音色要甜美、语调要柔和、语速要适中、感情要亲切、心境要平和。

规范的服务用语包含文明用语、语言亲切、语气诚恳、音量适中、语速和客户匹配，仔细倾听、耐心解答、对客户表现出同情心，不推诿客户、委婉地说“不”，敢于承担责任，自信、热情，快速地响应客户的要求，准确记录诉求信息等。

不规范的服务用语包括服务用语过于生活化、随意，用怀疑的语气质问客户，使用专业术语导致客户不理解，挑客户的语病，推诿责任，敷衍客户，过分强调自己的正确性，说其他人员和同事的不是，言行不一，过度承诺，打断或者中途挂断客户的电话，急于结束服务。

（1）礼貌地问候客户

坐席代表在接听电话时应该以积极、开朗的语气，微笑地表达自己的问候。如果使用的系统具有来电弹屏的功能，老客户来电的时候，系统会自动显示客户的姓名，这时一定要用客户的姓氏问候客户。

1）问候客户时的标准服务用语。

问候客户时可使用以下标准服务用语。

“您好，5085号很高兴为您服务，请问有什么可以帮助您的？”

“您好，欢迎致电××呼叫中心，我是5085号坐席代表，请问有什么可以帮助您的？”

“上午好，张先生，请问有什么可以帮助您？”

“新年好，张先生，请问有什么可以帮助您？”

如果客户问候坐席代表时，坐席代表应该礼貌地回应，如“谢谢”等，简单回应即可。避免在电话中使用以下不礼貌用语：“喂，您找谁？”“什么事情？”“怎么样？”“喂，有什么事情？”“您好，有什么事情，您说吧！”“您好，请讲。”

注意事项：

接听电话时，应把耳麦放在嘴唇的右下方，离嘴唇1厘米左右的距离。

外呼电话时要选择适当的时间。一般的公务电话最好避开临近下班的时间，因为这时打电话，对方往往急于下班，坐席代表很可能得不到满意的答复。客户接听电话后，坐席代表应首先通报自己的姓名、身份。必要时，应询问对方是否方便，在对方方便的情况下再开始交谈。

2）遇到无声电话时。

如果在接听电话之后出现没有声音的情况，很有可能是客户在等待过程中没有意识到电话已经接通，坐席应该微笑着说：“您好，这里是××客服中心，您的电话已经接通，请问有什么可以帮您的吗？”

间隔3秒左右，如果仍然没有声音，可以继续提示客户：“您好，您的电话已经接通，请问您能听见我的声音吗？”

如果仍然听不到客户的回应，则很有可能是电话出现问题或者是客户的信号有问题，此时应耐心地告诉客户：“对不起，由于电话信号不好，请您换一部电话再重新拨打，谢谢您的来电，再见！”停顿两秒，然后挂机。

避免使用以下用语：“您说话，否则我就挂机了。”“喂，讲话啊。”

3）当客服无法听清时。

① 因用户使用免提导致无法听清时，常用的规范用语：

“对不起，您的声音我听得不是很清楚，能否麻烦您将免提关闭重新讲一遍可以吗？”

“对不起，我听不清楚您提的问题，请您换一部电话再打过来好吗？”

避免使用以下用语：

“您那边太吵了，我什么也听不见。”

② 因用户声音小导致无法听清时，常用的规范用语：

“对不起，我听不清楚您的声音，麻烦您大声一点儿，可以吗？”

“对不起，由于电话的声音太小，请您换一部电话重新拨打，好吗？谢谢您的来电，再见！”

“对不起，我没有听清楚您说的最后一句话，麻烦您重复一遍可以吗？”

避免使用以下用语：

“您说话声音大一点儿，大声点儿”“我听不清楚，您的声音怎么这么小呢？”“您的电话音质太差了，我一点儿都听不清楚。”

注意事项：

当客户提出坐席代表的声音太小的时候，坐席代表可以将耳麦往嘴边靠近一些，并且稍微提高自己的音量，确认客户能够听清了再说：“请问有什么可以帮助您的吗？”如果声音已经足够大，客户仍然无法听清楚时，坐席代表可以请客户换一部电话重新拨打，而不宜再提高音量，否则会影响其他同事的工作，应该说：“非常抱歉，我这里的声音已经调至最大，如果您还是听不清楚，请您换一部电话重新拨打好吗？”

③ 因客户讲方言时，常用的规范的用语：

“对不起，麻烦您讲普通话可以吗？谢谢您！”

“很抱歉，您讲的方言我听得不是很明白，请您讲慢一些可以吗？”

“对不起，我们是全国的客服中心，听不太明白您当地的方言，您能用普通话重复一遍吗？”

注意事项：

如果提示之后客户继续讲方言，不讲普通话，那么坐席代表可以委婉地说：“对不起，请您找一个可以讲普通话的人接电话，好吗？谢谢！”

如果遇到客户讲方言，坐席代表可以听懂客户所使用的方言表达时，坐席代表应该继续保持普通话的表达，不可以转换成客户说的方言。

避免使用以下用语："您说的是什么，我听不懂。"

④ 因客户周围杂声大或者信号不好时，常用的规范的用语：

"对不起，您周围的声音有些大，我听得不是很清楚，如果您方便，换个地点打过来好吗？"

"对不起，您那边的信号不是很好，如果您方便，换一个信号好些的地方打过来好吗？"

"实在抱歉，听不清您的声音，我挂掉后再马上给您打回去，可以吗？"

避免使用以下用语：

"你说话大声点儿。""大声点儿，我听不清。""您的声音怎么这么小?""您的电话音质太差了，我听不清。"

（2）沟通过程中使用的规范用语

1）需要客户重复时。

常用的规范的用语：

"对不起，您那边的信号不是很好，请您重复一遍可以吗？"

"对不起，可以麻烦您将刚才的问题重复一下吗？"

"非常抱歉，由于您那边的环境比较吵，您刚才说的我听得不是很清楚，麻烦您再讲一遍可以吗？"

避免使用以下用语：

"啊！什么?""您说什么?"

2）让客户等待时。

常用的规范的用语：

"我需要帮您核实情况，这可能需要您等待1分钟左右，您方便在线等待吗？"

"由于查询数据需要一些时间，不好意思要耽误（您）一点儿时间。"

"这个问题我帮您查询一下好吗？请您稍等1～2分钟。"

"×先生（女士），感谢您的耐心等待。"

"对不起，让您久等了。"

注意事项：

如果等待的时间过长，应中途再次告诉客户："很抱歉，正在查询，请您再耐心等待一些时间好吗？”

3）需要客户提供资料时。

常见的规范用语：

“请问我该怎么称呼您？”

“为了更好地为您服务，请问您的姓名是什么？”

“为了准确地向您提供服务，请您将产品的型号告诉我。”

注意事项：

客户提供完自己的信息之后，坐席代表应重复客户的信息，避免出现查询错误现象。例如：“我再跟您核对一下，您看我的记录是否有误，您的联系方式是×××对吗？”

避免使用以下用语：“您叫什么名字？报上你的联系方式。”

4）客户需要转接时。

常用的规范用语：

“这事有专人负责，我帮您把电话转接给专家坐席好吗？”

“对不起，请您稍等一下，您咨询的问题属于××部门的，我现在帮您转接过去好吗？”

注意事项：

① 转接电话前需要告诉客户如果电话断线需要重新拨打，以免由于电话断线导致客户误以为坐席代表挂断电话而产生投诉问题。

常用规范用语：

“好的，如果转接电话过程中电话断线，麻烦您重新拨打，正在为您转接中，请稍后。”

② 如果客户要求转接××号坐席代表为其解决问题时可以告知客户：“您可以把问题告诉我，我也可以帮您处理。”如果客户坚持要求转接，可以帮忙看一下该坐席是否正在通话，如果在通话中，规范用语为：“非常抱歉，××号坐席代表正在通话中，您可以将您的问题告诉我，我会尽全力帮助您解决的。”如果该座席没有在通话，规范用语为：“现在正在帮您转接，请稍后。”

5）需要客户记录相关内容时。

常用的规范用语：

“麻烦您记录一下，好吗？”

“这个信息比较长，请您准备好纸和笔，麻烦您记录一下，好吗？”

注意事项：

客户记录好之后最好再和客户核实一遍，以避免客户记录错误导致不必要的麻烦。

6）客户打错电话时。

常用的规范用语：

“对不起，这里是××客户服务中心，请您查证后再拨。”（若有可能请根据客户的需求，引导客户拨打其他号码）。

“对不起，这里是××客服中心，是为您提供××服务的，我能帮您做些什么呢？”

“对不起，我们是××呼叫中心，我想您可能打错电话了，请您查询之后再重新拨打好吗？”

避免使用以下用语：

“喂，打错电话了！请看清楚后再拨。”

注意事项：

如果客户意识到自己打错电话了，说了：“抱歉，打错了。”坐席代表应该给予一定的回应：“没关系，再见！”

7）客户咨询无法回答的问题时。

常用的规范用语：

坐席代表：“对不起，请您留下您的联系电话，我们查询后将尽快与您联系，好吗？”

客户：“……”

坐席代表：“先生（女士），请问您贵姓？”

客户：“……”

坐席代表：“谢谢您的合作，再见！”

“对不起，您咨询的问题，我暂时无法确定，需要核实之后再回复您，请您留下您的联系方式好吗？我会尽快查询后给您回电的。”

避免随意回答或自以为是地回答，或者敷衍客户。

注意事项：

对于权限之外或者不确定的问题，要适当地向客户致歉，勇于承认自己无法立刻回答，要向客户保证自己会尽快找到解决方案回复客户，不可以不懂装懂。

8）遇到骚扰电话时。

常用的规范用语：

“先生（小姐），实在很抱歉，如果您确实需要帮助，我很乐意为您服务，但由于这是我公司的客服工作电话，而我公司的电话量也较多，目前我看到系统显示已有很多客户的来电在排队，为了更好地为客户服务，我们今天的通话就先到这里好吗？非常感谢您的来电，再见。”

“对不起，如果没有其他业务要咨询，请您挂机。”

“目前线路比较忙，其他客户还在焦急地等待，请您配合我们的工作，把线路让给其他客户，再见！”

“很抱歉，我们不提供此项服务，请问您还有其他业务上的咨询吗？如果没有，我要接听下一位客户的电话了，谢谢您的来电。”

避免使用以下用语：

“我们不能只解答您一个人的问题。”不可以责怪客户及不礼貌地直接挂断电话。但是对于性质非常恶劣的骚扰电话，可以直接挂机。

9）客户不明白或者理解有误时。

常用的规范用语：

“对不起，是我没有说清楚，我再给您讲一遍好吗？”

“您看我这么说的您都理解吗？”

“不知道我现在讲的您听明白了吗？”

避免使用以下用语：

“刚才不是对您说过了吗，您怎么还问我？”“您怎么总是不明白？”

10）需要拒绝客户时。

常用的规范用语：

“不好意思，我恐怕暂时帮助不了您，因为………”

“很抱歉，恐怕我不能帮助您！”

“很抱歉，您的要求超出我们的服务范围，恐怕我不能帮助您。”

“对于您的抱怨，我十分理解，但这个问题我实在没有办法立即给您答复，还希望您能理解。”

避免使用以下用语：

“这件事情不归我管。”“您简直就是在无理取闹。”“我们不可能按照您说的那样去办。”

11）遇到客户提供建议时。

常用的规范用语：

“您的建议很重要，我们会及时转给相关部门，谢谢您的支持。”

“非常感谢您向我们提出这个建议，谢谢您的支持。”

“谢谢您的宝贵建议，我们会记录下来，以后一定改进我们的服务。”

“您的建议很重要，我们会及时转给相关的工作部门并尽快采纳您的建议，谢谢您对我们的支持！我们将尽快与您进行联系。”

注意事项：

如果客户提供的建议未采纳，可以使用以下规范用语：“十分抱歉，您在建议中提出的要求，我们暂时无法采纳，请您谅解。同时，也感谢您对我们公司的信任，我们会考虑您的建议。希望您以后能够继续关注我们，支持我们。”

（3）抱怨和投诉

1）遇到客户投诉热线难拨通、应答慢时（包括电话铃响3声后才接起）。

常用的规范用语：

“对不起，刚才因为线路忙，让您久等了！请问有什么可以帮助您？”

“对不起，系统响应得有些慢。”

避免使用以下用语：

“喂，我也没办法，刚才线路忙。”“可能是系统的问题吧，我也不知道。”

2）遇到客户情绪激动，破口大骂。

常用的规范用语：

“对不起，先生/女士，请问有什么可以帮助您？”

“对不起，我非常理解您的心情，但是为了帮助您解决问题，请您慢慢说好吗？我会尽全力来帮助您解决这个问题的。”

“我理解您的苦衷。”

“×先生（女士），让我们一起找到一个解决问题的方法，您先平复一下心情，好吗？”

避免使用以下用语：

“喂，嘴巴干净一点儿，这又不是我的错。”“请您冷静一下。”“请您好好说话。”“您干吗对我发脾气呢？”“我不知道您为什么这么不满？”

3）客户投诉坐席代表工作出错时。

常用的规范用语：

“对不起，给您添麻烦了，我会将您反映的问题如实上报主管，并尽快核实处理，给您带来的不便请您原谅！”

坐席代表应记录客户姓名、电话号码及投诉内容，如客户仍不接受道歉，可说：“对不起，您是否可以留下联系电话，由我们的主管与您联系处理，好吗？”

另外，还应迅速将此情况转告现场业务主管，现场业务主管应马上与客户联系并妥善处理。

4）客户投诉坐席代表态度不好时。

常用的规范如下：

“对不起，由于我们服务不周给您添麻烦了，请您原谅，您是否能将详细情况告诉我？”坐席代表认真记录客户的投诉内容，并请客户留下联系方式，提交组长或主管处理。

“很抱歉，由于我们服务不周给您带来不便。”

“您能说说具体的情况吗？”

注意事项：

如果客户投诉的是自己的同事，也应该礼貌地代替同事向客户道歉，常用的规范用语：

“非常抱歉，由于我的同事服务态度不好给您带来不便，我代替他向您道歉，同时我们也会将您反映的情况提交给相应的工作人员，作出处理，再次向您致歉！”

避免使用以下用语：

“那您找他吧，这是他的问题。”“刚才的电话不是我接的。”

5）遇到无法当场答复的投诉时。

常用的规范用语：

“很抱歉，先生（女士），多谢您反映意见，我们会尽快向上级部门反映，并在2小时之内（简单投诉）/24小时之内（复杂投诉）给您明确的答复，再见！”

“多谢您反映意见，我们会尽快向上级部门反映，并在××小时之内给您明确的答复，好吗？”

“很抱歉，这个问题会有专人负责处理，现在我暂时无法答复您，不过请您放心，您留下联系方式，我们处理之后会在第一时间联系您，好吗？”

避免使用以下用语：

“我也不知道什么时候才能解决，您就慢慢等着吧。”

注意事项：

对于客户投诉，在受理结束时，坐席代表可说：

“很抱歉，××先生（女士），多谢您反映意见，我们会尽快向上级部门反映，并在××小时（根据投诉的类别和客户类别的不同而不同）内，给您明确的答复，再见。”

避免使用以下用语：

“喂，没事了吧，您挂××电话吧。”

6）网络、系统或者设备出现故障不能操作时。

① 网络出现问题时，常用的规范用语：

“对不起，我们的网络暂时出现了延迟，请您稍微等待一下好吗？我正在帮您查询。”

② 当系统或者设备出现问题时，常用的规范用语：

“对不起，系统正在升级，暂时无法帮您处理问题，您方便留下联系方式吗？我稍后给您致电好吗？”

“对不起，线路正在调整，请您稍后再来电，好吗？”

或请客户留下联系方式，等设备正常后及时与客户取得联系。

③ 遇到操作界面反应较慢或进行相关资料查询时，常用的规范用语：

“对不起，请您稍等片刻，好吗？”

在得到客户的同意后按静音键，取消静音后，应先说：“对不起，让您久等了。”

（4）结束语

1）解答完客户问题时。

常用的规范用语：

“×先生，请问您还有其他问题要咨询吗？”

“请问您是否还有其他疑问呢？”

“请问我刚才的解释您是否明白/是否清楚？”

若客户不能完全明白，应将客户不明白的地方重新解释，直到客户明白为止。

注意事项：

如果客户在挂机之前向坐席代表表示感谢，坐席代表应该礼貌地回应客户的感谢，常用的规范用语：

“不必客气，这是我们应该做的。”

“感谢您对我们工作的支持，随时欢迎您再次来电。”

2）结束语。

常用的规范用语：

“请问还有其他需要帮助的吗？”

“感谢您的致电，请您稍后对我的服务做出评价，如有问题可以随时来电咨询，祝您生活愉快，谢谢您，再见！”

任务拓展

1．实训任务：根据所给案例，正确地运用客户服务标准服务用语接待客户，并编写对话。

2．任务形式：两人一组，一个人扮演客户，另一个人扮演坐席代表，完成案例模拟后，进行角色互换。

3．任务时限：20分钟，其中5分钟编写对话，10分钟模拟，5分钟交流。

4．任务要求：

① 根据以下案例，编写对话，要求运用标准服务用语。

② 两人一组模拟两人所编对话，两人编写对话各模拟一次。

③ 将两人的场景对话合二为一（取长补短），形成优质对话，并再次模拟。

④ 两人相互给出评价。

案例

客户资料：李先生，高管。由于商务谈判急需明天的机票。

坐席代表：华唐票务中心客服部坐席代表。

客户需求：客户想预订明天北京—深圳的机票，想让坐席代表帮忙查询明天是否有特价航班？是否有往返的？返程时间是到达深圳后第四天。

评价见表2-1和表2-2。

表2-1　模拟训练评价

评分项目	评分细则（共10分）	得分
电话礼仪	愉快而迅速地接起电话，礼貌问候客户（1分）	
声音表达	吐字清晰、普通话标准、音量适中、声音甜美（2分）	
标准服务用语表达	使用标准服务用语，标准服务用语表达规范，运用得当（4分）	
是否解决客户问题	听出客户的真正需求，解决客户问题（2分）	
整体表现	有结束语，先让客户挂电话等（1分）	
总分		

表2-2　对话编写评价

评分项目	评分细则（共10分）	得分
对话编写情况	对话编写完整、流畅、符合情理（3分）	
对话中是否运用标准服务用语表达	对话中使用标准服务用语，表达合理、规范（5分）	
对话编写是否有利于解决客户问题	写出客户的真正需求，最终解决了客户问题（2分）	
总分		

任务2　客户服务常用技巧

任务情景

花花：“师傅，经过您的指导，我已经能够熟练地掌握客户服务的标准服务用语了。但是有时候还是处理不好客户的问题，怎么办呢？”

糖糖：“花花，不用着急，优质的客户服务仅靠标准服务用语是无法实现的，还需要一些客户服务技巧，如声音的表达、适时地感谢与赞美客户、微笑服务等，你平时注意观察，长期积累就会掌握这些技巧和方法。”

花花：“好的，师傅，可是我们在电话里与客户沟通，为什么还要微笑呢？客户又看不见。”

糖糖：“我们微笑，客户是看不见，但是能够听见，因为你在微笑的时候声音是甜的，客户能够感觉到。”

花花：“哦，原来是这样，您教教我沟通的技巧吧？”

糖糖：“没问题，我们一起学习吧！”

花花：“好的，谢谢您，师傅！”

任务分析

在与客户沟通的过程中，除了掌握标准的服务用语外，还应该掌握客户服务的常用技巧。客户服务技巧是指客户服务人员在与客户沟通过程中所使用的说话表达方式，它包括声音表达、说话方式表达及微笑表达。客户服务人员的言谈举止与企业的生存和发展有着必然联系。沟通中，客户服务表达占有重要的位置，它对提高服务质量、增强企业竞争力有重要的作用。

清晰而准确的表达、亲切而甜美的声音，不仅是赢得客户信赖的因素之一，也是客户服务的技巧，所以坐席代表应该首先塑造好自己的声音。其次，说话方式也是影响客户体验的一个重要因素。微笑也是客户服务技巧的一部分，说话时的情感可以通过声音传递给客户，所以微笑着说话可以使客户更开心，使客户对服务或者公司的产品更加放心。本任务要求坐席代表能够灵活运用客户服务技巧中的声音表达、说话表达及微笑表达等为客户服务。

任务实施

1. 常用的表达方式和技巧

常用的表达方式和技巧有积极感谢、委婉拒绝、积极用词、积极赞美等。坐席代表只有熟练掌握这些技巧，才能在为客户服务的过程中，合理解答客户提出的疑问或质疑，使客户满意，为客户提供超越客户原始期望的服务。

（1）专业化用词表达

呼叫中心有一些约定俗成的共同要求，即在与客户沟通的时候不能有“你”和“喂”字出现，这两个字是坐席代表语言使用的大忌。在客户服务用语中代替“你”的最好方法就是用“我”字，或者把“你”换成“您”。

（2）积极的用词表达

坐席代表在保持一个积极的态度时，沟通用语也应当尽量选择体现正面意思的词，避免使用消极的软弱无力的字眼。例如，要感谢客户在电话中的等候，常用的说法是“很抱歉，让您久等了”，如果换成“非常感谢您的耐心等待”就更加积极了。

又如，你想给客户以信心，于是说：“这并不比上次那个问题差。”按照上面的思路，最好换一种说法：“这次比上次的情况好”。即使客户的问题很麻烦，坐席代表也不应说：“你的问题确实严重。”最好说：“这种情况有点不同往常。”

（3）及时表达感谢技巧

在客户服务过程中要适时、积极地对客户表达感谢，是一名优秀的坐席代表应具备的素质之一。通常在沟通的过程中需要感谢客户的情况有以下8个方面。

1）当客户配合工作的时候。

坐席代表为客户服务的过程中，有时由于业务的需要，往往需要客户配合提供一些信息才能进行下一步的服务。通常在客户配合坐席代表完成工作的时候，坐席代表应合理地感谢客户。在这种情况下，坐席代表使用的标准话术是：“×先生（女士），感谢您的配合！”

2）当客户夸奖自己或所在的公司的时候。

当坐席代表为客户提供优质的服务或者帮助客户解决棘手的问题之后，客户往往会对坐席代表进行口头表扬。在这种情况下，坐席代表使用的标准话术是：“不客气，×先生/女士，这是我们应该做的，我们也感谢您对我们的信任和支持！”

3）当客户等待的时候。

在为客户进行服务的时候，无法避免由于为客户查询或者办理某项业务而需要客户在线等待的情况，在这种情况下，坐席代表使用的标准话术是：“×先生/女士，感谢您的耐心等候！”

4）当客户提出意见或建议的时候。

有很多热心的客户会致电呼叫中心，提出关于产品或者服务的意见或建议，这种客户是希望公司能够越来越好，坐席代表需要对这些客户进行感谢。在这种情况下，坐席代表使用的标准话术是：“感谢您提出的意见（宝贵建议），我会汇报到相关负责部门，以便尽快改进我们的服务，谢谢您，×先生/女士！”

5）当客户抱怨的时候。

坐席代表不仅要感谢提出宝贵建议和意见的客户，还应对抱怨的客户表示感谢，因为他们的抱怨给了我们改进的机会。在这种情况下，坐席代表使用的标准话术是：“感谢您为我们提供改进的机会，我们一定会做得更好，感谢您对我们的大力支持！”

6）当客户尝试自己所在公司新推出的产品或服务的时候。

对于新推出的产品或服务，客户进行选择，代表着他对企业的信任，坐席代表要对这种信任表示感谢。在这种情况下，坐席代表使用的标准话术是：“感谢您对我们的信任，如有不足之处希望您及时向我们反馈！”

7）当客户介绍一个新客户的时候。

当老客户向公司推荐了一名新的客户的时候，说明了老客户对公司的忠诚和信任，也是对公司的肯定。在这种情况下，坐席代表使用的标准话术是：“感谢您对我们的信任和肯定，我们会竭诚为您服务！”

8）当电话结束的时候。

无论是呼入还是呼出电话，在电话结束的时候，坐席代表一定要向客户表示感谢。在呼入情况下，坐席代表使用的标准话术是：“感谢您使用我们的服务，祝您心情愉快，×先生（女士），再见！”在呼出情况下，坐席代表使用的标准话术是：“感谢您的配合，祝您心情愉快，×先生（女士），再见！”

（4）委婉拒绝的表达技巧

为客户提供其满意和超值的服务是每个坐席代表的职责，但在现实情况中，坐席代表不能对客户提出的所有要求都说“好的，没问题”。当公司制度与客户要求矛盾时，客户的期望值超出坐席代表的能力时，或者客户提出“无理的需求”时，坐席代表应该具备委婉拒绝的能力，但是在拒绝客户的同时还应该让客户愿意接受这一现实，使客户能够继续与企业保持合作的关系。

委婉拒绝的技巧有以下几点。

1）在客户服务语言中，没有“我们不能”。

当坐席代表说“我不能”的时候，客户的注意力就不会集中在坐席代表所能给予的事情上，而是集中在“为什么不能”“凭什么不能”上。正确的表达方式是“我们能够帮到您的是……”，这样就避开了对客户说“不行”“不可以”。实际上表达的意思是一样的。例如，客户提出：“我要退货！”坐席代表可以回答：“很抱歉，我可以帮您调换，但是不能退货。”这么说客户的心里就会舒服，而不说：“很抱歉，不能退货！”

2）在客户服务语言中，没有“我不会做”。

在客户服务语言中，没有“我不会做”。当坐席代表说“我不会做”时，会产生负面感觉，客户觉得你应该会做，但是你说不会做，他会认为你没有全心为他服务，同时他也会转移注意力，所以我们应该将客户的注意力集中在坐席代表所讲的内容上。正确的回答是“我们能为您做的是……”“我可以帮您做……”。

3）在客户服务语言中，没有“这不是我应该做的”。

在客户服务语言中，没有“这不是我应该做的”，这是客户服务用语中非常忌讳的词，因为坐席代表说这句话时，会让客户觉得自己不该提出这种要求，从而不愿意再听解释。客户服务人员随时随地都需要说“我很愿意为你做”，但有时候真的超出自己的能力范围，应该在告诉他为什么做不了之前，一定要表明这样的态度“我非常希望能够帮助您，不过这件事，我们公司有专门的人负责，我可以给您一个电话号码，或者我可以帮您把电话转接过去，让他帮您解决，您看好吗？”

4）在客服服务语言中，没有“但是”。

在客户服务语言中，没有“但是”。例如，“你穿的这件衣服真好看！但是……”，不论你前面讲得多么好，如果后面出现了“但是”就等于将前面对客户所说的话进行了否定。也就是在沟通里的一个重要法则，“是，是，但是”，等于“不”。所以，在与客户沟通时，要忌讳说“但是”。

5）在客服服务语言中，有一个“因为”。

在客户服务语言中，有一个“因为”，这点是非常重要的。要让客户接受你的建议时，应该告诉他理由；当不能满足客户的要求时，要告诉他原因。例如，当客户要求全额退款时，不能只说“不可以”，而是要告诉他原因。

（5）适时的赞美技巧

规范的服务用语如下：

“听您的声音，我就觉得您是一个很自信的人……”

“从您的讲话中，我觉得您在公司内肯定很有威信……”

“您是不是专门从事××职业的呀？您太专业了！”

“专家就是专家，您提的问题就是与一般人不一样，您提到点子上了！”

不经意地、真诚地赞美客户，往往可以达到非常好的效果。微笑着夸客户，会让客户觉得舒心。适时地赞美客户，既融洽了与客户的关系，又不动声色地转移了客户的注意力，消除了客户不满的情绪。

（6）积极的反馈技巧

对于顾客的提问，应该有问必答，而不是敷衍地说：“好，我知道了”“我还不知道”；或者客户表述以后用“嗯嗯，我知道了”“啊，是这样吗”“哦，好好好”等词语作出应付性回答。应该说：“好的，您的问题我已经了解了，您现在可以……”“哦，原来是这样，我明白了，您看这样行吗？”“不好意思，目前我还没有接到通知，我现在核实一下。”积极地给予客户反馈，会让客户体会到你在努力地帮他解决问题。

2. 微笑服务

（1）要有发自内心的微笑

微笑既是愉快心情的反映，也是礼貌和涵养的表现。坐席代表并不应仅在工作中展示微笑，在生活中也应该处处都有微笑，在工作岗位上只要把客户当成自己的朋友，尊重他，就会在电话沟通中很自然地发出会心的微笑。唯有这种发自内心的微笑，才是客户需要的笑，也是最美的笑。

（2）要排除烦恼

一位优秀的坐席代表脸上总会带着真诚的微笑。呼叫中心的坐席代表每天都要承受大量的客户情绪，而且通常以负面情绪居多（抱怨、拒绝、冷漠、愤怒等）。但服务工作的特殊性决定了坐席代表不能把自己的情绪发泄到客户身上。所以坐席代表必须学会分解和淡化烦恼与不快，时时刻刻保持一种轻松的情绪，把欢乐传递给顾客。

（3）要有宽阔的胸怀

坐席代表要想保持愉快的情绪，心胸宽阔至关重要。在工作过程中，难免会遇到出言不逊、胡搅蛮缠的客户，坐席代表一定要记住“忍一时风平浪静，退一步海阔天空”。

（4）要与客户有感情地沟通

微笑服务并不仅是一种表情，更重要的是与顾客进行感情上的沟通。当坐席代表向顾客微笑时，要表达的意思是：“见到您我很高兴，愿意为您服务。”微笑体现了良好的心态。服务微笑不应只是脸上微笑，而应是真诚地为客户服务。

必备知识

呼叫中心基本的工作是沟通。沟通的方式有两种，一种是面对面的，另一种是非面对面的，呼叫中心行业的特殊性决定了交流是非面对面的，只能通过声音、语气传达。研究表明：当人们进行的沟通不是面对面时，你的语音、语调的变化和表达能力就会占说话可信度的85%。作为呼叫中心的坐席代表，每天接触大量客户，专业优质的语音无疑是成功沟通的基础。

1. 委婉地说“不”

作为一名优秀的坐席代表，面对客户提出的各种问题，首先应该明确自己的岗位职责和工作权限，也就是说对于客户的需求哪些可以做到，哪些不可以做到。坐席代表作为客户和企业之间的桥梁，应尽量做到遵守企业的制度，又尽最大可能地满足客户的需求。在不能做到的时候，不要直接拒绝客户，而是委婉地说服客户。

案例

下面这个案例充分展示了面对客户提出一些无法实现的要求时委婉拒绝技巧的使用。

客　　户：“我想问一下，我家这片现在动迁，所以我家的宽带就不能用了得拆机，里面的费用能给我转到我的手机里吗？”

坐席代表：“您好先生，很抱歉，我们不能将您这个宽带费转到您的手机上，如果要办理拆机业务，您可以持机主身份有效证件到当地营业厅办理。”

客　　户：“啊，那宽带费怎么办呢？我这手机也是你们公司的，你们就不能把宽带费转到这里面吗？”

坐席代表：“先生是这样的，虽然您的手机也是我们公司的，但是它与宽带办理的并不是同一个业务，所以费用目前还不能直接转过去。”

客　　户：“哦，那我知道了。”

坐席代表：“请问您还有其他需要帮助的吗？”

客　　户：“没有了。”

如果您是客户，是否会觉得坐席代表在敷衍自己，于是，该客户第二次打电话咨询同一个问题。

客　　户：“我刚才问过你们，我家这片现在要动迁，我想把宽带拆了，然后刚才接电话的工作人员告诉我宽带费不能转到我手机里，这两个业务不都是你们公司的吗？”

坐席代表：“先生您好，您是说您家的宽带由于房屋动迁想要办理拆机是吗？”

客　　户：“对！对！这片都要动迁。”

坐席代表：“先生您是想知道这个拆机后的宽带费用可不可以转到您的手机里是吗？”

客　　户：“对！对！”

坐席代表：“您好先生，您可以在宽带费用清退后，将清退的钱以交费的方式在营业厅直接交费到您的手机中，这样就实现宽带清退的钱转到您的手机里了，直接转的确转不过去。”

客　　户：“啊，就是先退给我，然后交入手机里是吧？”

坐席代表：“是的先生，您没有使用的宽带费用我们都会清退给您的，您不用担心。”

客　　户：“哦。”

坐席代表：“其实先生您完全不用这样麻烦，如果您办理宽带拆机后您就不能再使用丰富多彩的互联网了，下次再安装还要交100元的安装费，我建议您可以办理宽带迁移，这样您到新的住址也一样可以使用。如果现在不需要使用宽带，您可以办理报停业务，这样系统会暂时为您关闭宽带业务，虽然每月收取10元，但您再使用时就不用交100元的安装费了，并且随时可以恢复宽带业务。”

客　　户：“对！对！那就迁移吧，移到我现在的房子。”

坐席代表：“您可以带着机主有效证件到您所在地的营业厅办理，目前我公司迁移不收取工料费。”

客　　户：“那谢谢你啊。”

坐席代表：“不客气。请问您还有其他需要帮助的吗？”

客　　户：“没有了。”

坐席代表：“感谢您的来电，先生再见！”

2. 善用“我”代替“你”

“你”字的使用会使人感觉到有一根手指指向自己，给人一种教育、指挥、命令的感觉，而“我”则给人一种谦虚、尊重的感觉。看以下例子，体会用“我”代替“你”后的不同：

习惯用语：你的名字叫什么？

专业表达：请问，我可以知道您的名字吗？

习惯用语：你必须……

专业表达：我们要为您那样做，这是我们需要的。

习惯用语：你错了，不是那样的！

专业表达：对不起我没说清楚，但我想它运转的方式有些不同。

习惯用语：如果你需要我的帮助，你必须……

专业表达：我愿意帮助您，但首先我需要……

习惯用语：你做的不正确……

专业表达：我得到了不同的结果。让我们一起来看看到底怎么回事。

习惯用语：听着，那没有坏，所有系统都是那样工作的。

专业表达：那表明系统是正常工作的。让我们一起来看看到底哪里存在问题。

习惯用语：注意，你必须今天做好！

专业表达：如果您今天能完成，我会非常感激。

习惯用语：当然你会收到。但你必须把名字和地址给我。

专业表达：当然我会立即发送一个给您，我能知道您的名字和地址吗？

习惯用语：你没有弄明白，这次听好了。

专业表达：也许我说得不够清楚，请允许我再解释一遍。

3. 不要吝惜赞美

赞美是对对方的肯定、认同和欣赏，每个人都渴望得到别人的赞美。赞美别人是一个人涵养的体现，真正的赞美是没有功利心的。找到赞美点，诚恳地夸赞客户，不要做太多修饰，也不要过分地夸夸其谈，不要让对方感觉别有用心。

案例

下面这个案例充分展示了积极赞美客户技巧在客户服务过程的巧妙使用。

客　　户：“这段时间经常有人打电话问我是不是什么单位的，是不是你们把我的号码给其他人用了？”

坐席代表：“哦，这个不会的，一个号码只会给一个客户使用，他是用什么电话打进来的呢？”

客　　户：“也不是同一个人，我接到过好多人打的。不只一次，已有好多次了。”

坐席代表（微笑）：“有可能是这样的，可能这个号码和别的号码比较接近，因为这个号码比较好，622××××，对吧？”

夸奖客户选的号码好，提起客户引以为自豪的事，让客户觉得舒心，转移了客户对重号的注意力。消除了客户的不满情绪。

客户（笑了笑）：“是呀！”

坐席代表：“您有没有问他们要打的是哪个号码呢？”

安抚客户的不满，取得客户认同，再进一步帮客户排查此现象发生的原因。

客　　户：“没有。”

坐席代表：“可能是他们拨错了，我可以向您保证这个号码只有一个，因为我们在受理客户业务时会通过系统查询是否有客户正在使用该号码，绝不会发生重号现象，请您放心。若以后再有类似电话打入，您可以详细地问一下对方的电话是否拨错了？”

客　　户：“好的，谢谢你。”

4．微笑服务使沟通加分

（1）微笑可以打开人的心扉

对服务行业来说，至关重要的是微笑服务。作为坐席代表，同样也不能忘记“微笑服务”。可能大家会问：“不与客户面对面也要提供微笑服务吗？他们又看不见，没有这个必要吧？”这个问题的答案是：“当然！而且非常必要。”微笑是可以通过说话者的声音进行传递的，如果说话人是微笑的，那他的声音一定是甜美、动听的；相反，如果说话人是板着脸的，那他的声音一定是低沉的。

（2）微笑服务的重要性

1）微笑服务能带来良好的第一印象。

在服务工作中，第一印象表现为对服务人员的仪表、言谈、举止等方面的观察而形成的感觉。第一印象虽然短暂，但非常有影响力，因为大多数客户可能不会有对服务人员深入了解的机会，只有“一面之缘”。那么要在这短短的时间里使客户对服务人员、公司、项目有一个良好的印象，微笑服务必不可少。

2）微笑服务能给坐席代表的工作带来便利，提高工作效率。

在服务工作中，由于带着微笑，员工会很自然地使用温和的语调和礼貌的语言，这不仅能引发客人内心的好感，有时还可稳定客人焦虑急躁的情绪。而客户情绪稳定、态度配合，有利于服务工作的顺利进行。同时，在服务交往中，微笑也容易带来热情、主动、自信等良好的情绪氛围，可使坐席代表身心健康，提高工作效率。

3）微笑服务可以带来良好的经济效益。

坐席代表既是个人，又代表公司、单位的形象，这两种角色既彼此依赖又相互联系，如果坐席代表能做到微笑服务，客户不仅会对坐席代表产生良好的印象，而且会将这一具体的感受升华到对公司的认可。反之，如果坐席代表表情冷漠，不够主动、热情，客户会认为该坐席代表的态度不好，同样会影响到公司的形象。随着社会的发展，人们的思想观念有了很大的变化，人们享受服务的意识越来越强，要想在竞争中求生存，求发展，就必须争取以微笑服务等特色服务赢得更多人的青睐。所以微笑服务是非常重要的。

任务拓展

1．实训任务：根据下面两个情景，进行角色对话。

2．任务形式：两人一组，一个扮演客户，另一个扮演坐席代表，一轮实训完成后进行角色互换，并互相评价。

3．任务时限：20分钟，其中5分钟设计对话，10分钟实训，5分钟交流。

4．任务要求：

① 模拟练习情景1，说出情景1中坐席代表的不足，如果是你，该如何解决客户的问题？合理运用常用服务技巧编写一段对话，并模拟。

② 模拟练习情景2，两人背对背对话，感受对方的服务技巧，并说明坐席代表做法如何？你从中学到了什么？

③ 实训结束后，相互评价，指出各自的优缺点。

情景1

某品牌电视售后服务中心，电话铃响起。

坐席代表（带着方言，说话声音小）：“您好，请讲！”

客　　户（客户很着急）：“我家电视坏了。”

坐席代表（说话声音还是很小）：“怎么坏了？您说清楚原因。”

客　　户：“好像开关不太好用，有时候打不开，打开了以后电视也不亮，只有声音没有画面，这是什么原因啊？”

坐席代表（声音很小，语气不耐烦）：“打不开？打开了还没有画面？您说的打开是用遥控器还是电视上面的开关？您得说清楚，说不清楚我可判断不出来。”

客　　户（客户为了能够获得帮助，只好忍耐）：“用遥控器和电视上的开关都是一样的，半天打不开，开了没有画面，这电视刚买没有多长时间，你们的电视质量也太差了吧！”

坐席代表（说话声音忽然变大）：“我们的电视质量挺好的，您说的这事还第一次出现，其他的用户都没出现过这样的情况。是不是遥控器被摔过，还是用硬物撞击过电视啊？”

客　　户（客户忍无可忍，也发起脾气，说话声音变大了）：“你这是什么工作态度？你态度不好也就算了，还说我撞击过电视，我有病还是你有病呀？只有你有病才撞击电视吧？”

坐席代表（声音又变小了）：“我没有说您撞电视，我是说，你们家人是不是有人用东西撞击过电视。”

客　　户（很不满意，大声地说）：“别那么多废话了，你赶紧说怎么办吧？是修，是退，还是换？”

坐席代表（声音很大）：“我不是在说废话，我是在帮您。具体情况得具体分析，我在电话里也不清楚情况，是修、是换、是退不是你我说了算的，得看检验结果。您等工程师上门吧！”

客　　户（很不满意，大声地说）：“你的服务态度太差了，我要投诉你！”

情景2

某快递公司，电话铃响起。

坐席代表（声音甜美、语速适中、微笑着播报开头语）：“您好，欢迎致电华唐快递公司，我是3098号坐席代表，请问有什么可以帮您？”

客　　户（听到对方友善、亲切、甜美的声音，原本的怨气减少很多，但声音仍带有些火气）：“你们公司的工作效率也太差劲了吧！我上个月发的快递，到现在都快两个星期了，那边还没收到货。你说怎么办吧？”

坐席代表（仍然微笑服务，语气带有歉意）：“真的非常抱歉，给您的生活带来不便，您别着急，请您把快递的单号告诉我，我来帮您查一下出了什么状况好吗？”

客　　户（仍然冷冷地说，但其实气已经消了一半）：“KYCQ906800096527，你查吧！”

坐席代表（迅速查找订单，仍然语速适中、亲切微笑着服务）：“先生，您好！感谢您的耐心等候！您的快递正常情况下应该是在前天下午抵达目的地，但是由于运输途中的××地区突降暴雪影响了交通，所以耽搁了两天时间，这个情况相信您在新闻中也看到了。目前预计是明天下午才能到达，给您带来的不便再次表示歉意！”

客　　户（听到这样的消息感觉很无奈）：“哎，怎么会这样啊，赶得也太巧了。你知道这样会影响我的客户对我的信任的，客户已经催促我很多次了，我都不知道该如何解释。”

坐席代表（不紧不慢、保持自信的微笑）：“您看这样可以吗？我与您的客户打电话沟通，向他解释原因，我相信您的客户会理解您的。相信通过我的解释您的信誉度也不会受影响。我还可以将您的快递相关信息和数据截图发给您的客户，您看可以吗？”

客　　户：（客户精神一振）：“那太好了，那就麻烦你帮我向他解释一下吧，谢谢你啊！”

坐席代表（清晰柔和地说）：“不客气，这是我们应该做的，您看您还有其他事情需要帮助吗？”

客　　户（开心地笑着）：“没有了，你们的服务还是很不错的，以后我还会继续使用你们的服务的……”

坐席代表（微笑）：“这是我们应该做的，感谢您的肯定与认可，稍后耽误您几秒时间，请您对我的服务做出评价，谢谢您！”

客　　户（开心地笑着）：“好的，好的，没问题，再见！”

坐席代表（开心、愉悦）：“感谢您的来电，再见！”

任务3 客户服务沟通技巧

任务情景

花花：“师傅，我已经知道了客户服务的常用技巧，但我觉得还不够，还有什么需要注意的吗？”

糖糖：“当然了，花花，呼叫中心企业对新员工有一个非常重要的要求，即必须具备良好的沟通技巧，如学会有效倾听、有效沟通、尝试有效的提问，还要善于总结与重复。”

花花：“师傅，听起来很难，我都不知道从何入手了？什么是有效提问和沟通呢？”

糖糖：“不着急，我们慢慢学习。这些都是坐席人员应该具备的基本素质。”

花花：“好的，师傅，请您教教我吧！”

糖糖：“嗯，你要记住，一切要从客户出发，更好地为客户服务。要发自内心地帮助客户解决问题，这样就可以很快学会了。”

任务分析

想要了解顾客的真正需求，帮助客户解决问题，更好地为客户服务，就需要与客户进行有效沟通。有效沟通是呼叫中心坐席代表必备的技能。一名坐席代表在工作中取得成绩，主要取决于他的人际关系和他所掌握的专业技能，而这两个关键因素都是需要通过有效沟通实现的。有效倾听是坐席代表态度和能力的表现。在沟通过程中，坐席代表首先要确认对方的需求是什么？可以通过有效提问来达到。提问的能力是指坐席代表通过选择合适的提问方式向客户进行提问，通过这种方式获取相关信息，并根据该信息促进与客户进一步沟通的能力。除了以上技能，坐席代表还应该善于运用总结和重复的方法，与客户确认信息，以免在沟通的过程中产生分歧。同时，运用同理心，站在客户角度思考问题，想客户之所想，解客户之所困。本项任务要求：坐席代表通过有效倾听、有效沟通、有效提问、运用重复与总结、运用同理心等方法，练习与客户有效沟通的能力。

任务实施

1. 有效倾听

在进行电话问候时，坐席代表必须尽快了解客户的真正需求，才能更好地为顾客服务。首先，坐席代表需要认真倾听，不仅要倾听客户讲什么，更重要的是能够听出话外之音，通过倾听到的语气和内容辨别客户的情感，了解客户的真正需求，这就是有效倾听。

有效的倾听有以下4个步骤。

① 准备倾听。通常在一次电话交流过程中，对于准备倾听的过程，坐席代表是较为被动的，因为这个准备倾听的过程也就是来电话时的振铃过程。另外，坐席代表还要准备好倾听不同的意见，从对方的角度想问题。

② 发出准备倾听的信息。通常在听之前，坐席代表会和客户有一段简短的语言交流，显示对发出信息者有充分的注意，即告诉对方，我准备好了，您可以说了。通常这种简短的语言交流指问候语。

③ 采取积极的行动。积极的行动即在沟通过程中鼓励对方说，也就是适时地附和客户。这种积极的姿态表示你愿意去听，努力在听。同时，对方也会有更多信息发送给你。

④ 准确理解对方全部的信息。倾听的目的是理解对方的全部信息。在沟通过程中，没有

听清楚、没有理解时，应该及时告诉客户，希望客户重复或者解释，这一点是坐席代表在沟通过程中常遇到的。所以在沟通时，如果发生这样的情况要及时通知对方。

2. 有效沟通

在呼叫中心企业中，坐席代表应该具备的基本的也是核心的能力，即沟通能力。沟通具有双向性，需要对方回应和反馈，这样才能确认信息传递是否正确。在沟通中需要坐席代表通过认真倾听、有效提问、总结与重复，了解沟通的目的，从而努力达成共识，这才是有效沟通。

有效沟通的步骤如下。

（1）明确沟通目标（目的）

沟通时要有一个明确的目标，这是有效沟通的最重要的前提。呼叫中心的日常工作通常分为呼入和呼出两种类型。

① 对于呼入型业务来说，每个拨打电话的客户都会有明确的需求，也就是客户拨打电话的意图、目的、需求。客户通常在电话接通后便会表明自己的需求。例如：

“我想查询一下我的积分，看看能够兑换什么礼物。”

“我想预定一张5月27号飞往三亚的最便宜的机票。”

根据以上两句可以清楚地了解客户的来电目的，第一个客户来电的目的是在掌握自己具体积分数量的基础上，进一步了解能够兑换哪些礼物，也就是说，兑换礼物是客户的真实目的，但需要完成积分查询来确定礼品兑换的结果。第二个客户来电的目的是预定指定日期飞往指定目的地的最便宜的机票，客户的主要目的是价格最便宜。

这两个例子说明客户打进来的每个电话都是带有明确目的的，坐席代表要做的是明确客户希望达成的目标。这是与客户建立有效沟通的第一步。

但是并非所有人都能够将自己的意图表达得十分清楚，有些客户由于自身的思维逻辑和表达能力欠佳，会导致心里的真实想法无法完全用语言来表达清楚，只说只言片语，很难让人理解。这就需要坐席代表运用技巧去发现客户真正的需求，从而进一步为客户解决问题。

② 对于呼出型业务来说，坐席代表会在电话接通时向客户表明自己的身份及来电意图，这样不仅会使客户明白来电目的，也方便开展下一步工作。例如：

“张先生您好，我是××客户服务中心0125号，很抱歉打扰您。今天给您打电话的目的主要是为了使我公司能够为您提供更好的服务，希望您参与我们的问卷调查活动……”

总之，沟通要有一个明确的目标，这是客户服务中进行有效沟通最重要的前提。

（2）达成合意

当明确客户来电意图，确定本次沟通目标后，坐席代表要做的是运用各种沟通技巧最终与客户达成合意，也就是沟通结束以后一定要形成一个双方共同承认的协议。只有形成这个协议，才完成了一次有效沟通。如果没有达成协议，就不能称为有效沟通。沟通是否结束的标志就是是否达成了协议。在实际工作过程中，我们常见到客户与坐席代表由于对沟通内容的理解不同而没有达成协议，导致客户不满意甚至升级为投诉的情况，最终造成坐席代表的工作效率低下。这种不明显的“沟”而不“通”的情况是普遍存在的，然而我们却习焉不察。和客户的沟通结束时，一定要针对本次沟通内容作出总结。这是沟通技巧的一个非常重要的体现，也是一个非常有效的沟通行为。

（3）沟通信息、思想、情感

坐席代表在为客户服务的过程中，并非只是传递信息这么简单，也就是说，沟通的内容不仅是诸如“您的本次账单是1452.65元”“您需要的乘车路线是……”等简单的信息传递，这只能满足客户的基本需求，而是在沟通过程中加入更重要的东西，即在沟通过程中传递思想和情感。例如，面带微笑地对客户说：“您的本次账单是1452.65元，祝您用卡愉快！”“您需要的乘车路线是……祝您乘车顺利。”坐席代表运用客户看不见但是能感觉到的肢体语言——微笑，以及让人感觉温馨的祝福语来表达，是一种思想与情感的传递，不但满足了客户的需求，而且能让客户有一种受尊重的感受。因为客户需要温情化的服务，而不是冷冰冰的服务。

3. 有效提问

获得信息的一般手段是提问。沟通的过程常常是问答的过程，一问一答构成沟通的基本部分。要了解别人的需求，就必须通过提问来达到。提问的能力是指坐席代表通过选择合适的提问方式向客户进行提问，通过这种方式获取相关信息，并根据该信息提高与客户进一步沟通的能力。

（1）常见的提问技巧

在确认需求的过程中，提问是有效的一项技巧。常见的提问技巧有问封闭式问题和问开放式问题。

1）问封闭式问题。

封闭式问题是指特定的领域带出特定答复的问句，一般用“是”或“否”作为回答的要求。封闭式问题可以引导谈话的主题，由提问者选定话题，并将对方的回答限定在一定范围内。封闭式问题常用的疑问词有“是不是”“能不能”“会不会”“可以不可以”。例如：

“您是要查询开卡时间吗？”

“您是哪里人？”

“请问您的电话费一个月大概多少？”

封闭式问题填答方便，节省时间和精力，所得资料也便于统计分析。

如果想确定某些不确定的信息时，就需要向客户提出封闭式问题。但封闭式问题不宜使用过多，否则会给客户带来压力，也不利于信息收集。

2）问开放式问题。

开放式问题是指在广泛的领域内带出广泛答复的问句，通常无法采用“是”或“否”等简单的措辞做出答复。开放式问题是为引导客户能够自由表达而选定的话题，如果需要多了解客户的需求，就要提出开放式的问题。通过开放式提问，坐席代表可以得到一个全面的答案，这样，通过提出一系列问题，坐席代表将能更好地了解客户打电话的需求，提出具有针对性的解决方案。例如：

“您希望我如何帮您呢？”

“昨天您和我的同事沟通的时候，他告诉了您哪些方面？”

“您请告诉我是什么时间发生了什么事情呢？”

在平时提问的过程中由于没有注意到开放式问题和封闭式问题的区别，往往会造成收集的信息不全面或浪费时间。

下面将用一些例子来说明开放式问题和封闭式问题的区别。

封闭式问题：“请问会议结束了吗？”对方只能回答“结束了”或者“还没有”。

开放式问题：“会议是如何结束的？”对方可能会告诉你非常多信息。例如，会议都有谁参加，从几点开始到几点结束，最后形成什么协议，然后在什么样的氛围中结束。

封闭式问题：“有下午４点去北京的航班吗？”回答可能是“没有”。“有下午5点去北京的航班吗？”回答可能还是“没有”。

开放式问题：“我想问一下，去北京都有哪些航班？这些航班的时间为几点？”服务人员会告诉你非常多信息。

可见，开放式问题可以帮助坐席代表收集更多信息。在工作中，有些人习惯用开放式问题与人交谈，而有些人习惯于用封闭式问题，只有了解了两种提问方式的优劣后，才能够更加恰当地运用封闭式问题或开放式问题。在沟通过程中，要注意区分两种问题的不同特点，正确提问将有利于提高沟通效果。

（2）其他提问技巧

下面的案例说明了提问技巧的重要性。例如：

在教堂里，甲、乙两个人的烟瘾突然犯了。

甲问神甫：“祈祷的时候可以抽烟吗？”

神甫回答说：“不可以！”

乙问神甫："抽烟的时候可不可以祈祷？"

神甫回答说："当然可以！"

乙就点上一支烟抽了起来。

提问的方式不同，得到的结果就会不同。在提问中，还有以下技巧常用在客户服务的日常工作中。

1）问特定问题。

特定问题有助于了解客户所述的内容。特定问题主要有两大类：一类只需要回答简单的答案；另一类类似封闭式问题，只需要回答"是"或"不是"。例如：

"昨天你和谁一起逛街？"

"这个号码方便与您联系吗？"

2）问可选择性问题。

这类提问方式是给对方选择的内容，使其选择其中一种。例如：

"您看我是下午给您打电话，还是明天上午？"

"您是想查询账户余额还是本期账单？"

3）问引导型问题。

引导型问题有助于加速双方之间的合作。有时候需要与很难做决定的客户进行沟通，这时引导型问题能够帮助客户更容易认可你提供的相关信息资料。例如：

"那么您是否愿意一周后收到这些相关产品的资料呢？"

"如果面谈不方便，您看我给您发送一个传真好吗？"

4）问简单问题。

提问的目的是探寻客户的需求，只要明确了客户的需求，坐席代表就有了工作的方向。想要客户说出自己的需求，在建立起良好的沟通氛围的同时，还需要提出一些简单的问题。这样才能便于客户回答，从而收集到有效的信息。例如：

"这台车是您自己开，还是别人开？"

"您平时喜欢穿什么款式的衣服？"

"您喜欢哪个牌子的数码照相机？"

"您是自己用，还是送人？"

"您今天是喝咖啡还是喝柠檬汁？"

5）问回答“是”的问题。

在沟通的过程中，可以同时问一些回答“是”的问题。提问这样的问题，客户会觉得你提出的问题是为他着想，有利于沟通，能够很快拉近彼此的距离，取得客户信任。例如：

“如果用起来不开心，而且还花了不少钱，反而感觉很浪费，您说是吧？”

“送女朋友衣服应该选择比较时尚的款式，您说对吧？”

“买电器，不仅要买知名品牌，销售服务也很重要，您说是吧？”

6）问二选一的问题。例如：

在商旅服务企业的酒店预订中心，员工的提成是按照客户预订房价数量和入住几晚的数量来获取的。但是在预订过程中，技巧运用不好的坐席代表的提成就会少。有一对兄弟在一家酒店预订中心做坐席代表，虽然工作都是一样的，但是收入不大相同。哥哥的收入总是比弟弟的高。

哥哥在为客户预订酒店的时候会问：“请问您是预订一间还是两间呢？”

弟弟在为客户预订酒店的时候会问：“您看是否预订呢？”

结果，哥哥的业绩总比弟弟的好。

原因在哪里？

表面上看“预订一间还是两间”和“是否预订”两个问题最后的决定权都在客户，可哥哥十分聪明地帮助客户做了一个选择。弟弟问：“您看是否预订呢？”客户的回答是“要”或者“不要”。哥哥问：“请问您是预订一间还是两间呢？”客户的回答是“一间”或“两间”。

当弟弟询问客户“是否预订”的时候，客户要做的选择是订或者不订，而哥哥在询问客户“预订一间还是两间”的时候，客户需要作出的选择是订一间或者两间，而无论客户作出哪个选择，哥哥都剥夺了客户要或者不要的选择权。

当然，客户都会有潜在的第三个选择权，即不订，但出于思维定式，客户通常都会顺着问题设定的语境去思考并作出决定。

同样的道理，在客户服务过程中，也可以用这样的方式提问。例如：

“您要联想的还是惠普的？”

“您看我是今天下午2点来见您还是3点？”

7）不要连续发问。

在与客户沟通的过程中不要连续发问，否则会让客户有压迫感，感觉在被调查或被询问，很容易引起客户的反感。原则是不连续提出超过两个问题，等客户回答以后，再根据客户的回答来做下一步的沟通。这就要求坐席代表提出的问题非常具有针对性，运用少数问题就能挖掘出想要的信息。

8）避免询问错误问题。

在与客户沟通的过程中，询问问题一定注意不要询问错误的、对本次沟通意义不大，并且有可能造成被动的问题。例如：

“需要我帮您介绍一下吗？”（不需要）

“您需要试驾这部车吗？”（不用了）

“这是今年的流行色，您喜欢吗？”（不喜欢）

“这台数码照相机您还要吗？”（不要了）

“您以前使用过我们的产品吗？”（没有）

4. 运用重复与总结

在运用了有效倾听、有效沟通和有效提问等沟通技巧，已经了解客户的需求以后，坐席代表要主动运用总结与重复的技巧再一次与客户进行相关信息的核对，确保信息的对称性。总结和重复的主要意义在于：坐席代表针对客户提供的重要信息进行实时性的重复核对，当坐席代表与客户在沟通的过程中产生分歧时，及时帮助客户理清事情头绪，并使沟通走向正确的方向，从而完成有效沟通。在对整个通话做最后总结的时候，一定要注意要逐一向客户重复本次通话的重要内容，以确保双方沟通的信息和达成的协议是统一无误的。这样才不会在后续的工作中出现问题，导致客户不满。

5. 运用同理心

同理心是一个心理学概念，代表着客服人员的核心能力素质。同理心即站在对方角度，将心比心，设身处地地思考问题，替他人着想。

坐席代表每天都会处理一些疑难问题或投诉，应运用同理心，而不是单纯地为了让对方高兴或得到心理安慰而谈判，最重要的是可以控制自己的情绪，推进事情的处理速度和质量。在沟通的过程中，合理运用同理心既是帮助客户也是帮助自己。想要运用好同理心，就要做好同理心倾听、同理心沟通等。

（1）同理心倾听

同理心倾听是积极倾听的一部分，坐席代表要努力去理解客户的感受和想法。同理心倾听是为了表明你理解对方的感受。在主动倾听过程中，尽量不要打断客户，但一定要问清楚问题，表明你在努力理解他们。重申客户的关注点，以表明你在认真听，并很理解客户的感受。

（2）同理心沟通

在人际交往过程中，没有同理心就没有沟通。苏格拉底曾说：“我们要跟别人求同存异。”意思就是，在沟通时首先讨论相同、一致的问题，然后慢慢过渡到不一致的地方。运用同理心沟通，才能更好地打开客户的心扉，圆满地完成任务。同理心沟通的技巧有以下几个方面。

1）认同语型。

中国人讲究“和而不同”，“和”不是“同”的意思，而是要肯定和认同对方。因此，认同的意思不是同意和赞同，而是宽容、包容和理解，是有同理心的表现。在认同语中，常常包括以下类型：“那很好啊！”“那没关系！”“您说得很有道理！”“这个问题问得很好！”“我能理解您的意思！”

2）赞美语型。

总结赞美语主要包括以下类型：“遇到像您这样知书达理的客户是我们的荣幸”“看得出来您是高情商、高素质的人。”“您真不简单……”“向您请教一个问题……”“您太厉害了！”切忌说不确定的话，或者不明褒贬之意的句子，否则会被误认为是在质疑、对峙，会让客户感受到不受尊重。“听说您是老师，把孩子教育得很好，请您多提宝贵意见。”这是在借助第三方的嘴巴去表扬对方，鼓励对方，让客户感觉到真诚。

3）反问语型。

在沟通过程中，可以不直接回答对方提出的问题，而是用反问语句来回答。反问语主要包括以下类型：“您觉得（认为）怎么样？”“不知道这样行不行？”“您看这样可以吗？”“是不是这样会更好一些呢？”这些语句有求同意见的意思，可以让对方有被理解、被尊重的感觉。

必备知识

1．学会有效倾听

有效倾听是坐席代表态度和能力的表现。认真倾听是一种态度，能够听出客户的真正需求和潜在需求，才是有效倾听。只有做到有效倾听，才能够更好地为客户服务。因此，坐席代表要通过训练来提高有效倾听的能力。

（1）有效倾听的作用

在客户服务工作中，倾听起着非常重要的作用。

① 调节心情。客户可能会因为坐席代表具有良好的倾听的态度而感到心情舒畅，为进一步沟通打下坚实的基础。倾听无疑是对客户的一种无声的赞美，使客户感受到被尊重。

② 帮助坐席代表理解客户的情绪和行为。倾听能帮助坐席代表将客户的信息进行加工理清，理解客户话语中的确切含义。

③ 增强客户对坐席代表的信任，拉近距离。认真地倾听客户的话语并适当作出反应，可

以消除隔阂、不信任与敌对关系，使双方之间的沟通更加融洽。

④ 改善沟通气氛，有利于双方达成协议，使沟通成功。心理学家指出，善于倾听的人容易克制冲动，控制愤怒，营造一个平和的人际环境，而这对于成功与健康是有百益而无一害的。

（2）倾听过程中的注意事项

在倾听的过程中，需要注意以下几点。

① 倾听者要适应讲话者的风格。每个人发送信息的时候，说话的音量和语速是不同的，坐席代表要尽可能地适应他的风格，匹配他的说话习惯，尽可能接受更多、更全面、更准确的信息。

② 倾听不仅要用耳朵听，还应该用心去感受客户。

③ 理解客户。听的过程中一定要注意站在对方的角度去想问题。有些坐席代表容易犯的错误是，还没有听完客户的话就根据自己的理解打断对方，进行争论。这种粗暴的行为是不礼貌的，极易引起客户反感，造成矛盾。

④ 鼓励对方。在倾听的过程中适当给予客户回应，表示认同和鼓励，表现出有倾听的兴趣。

（3）客户服务工作中的倾听技巧

1）表现出愿意提供帮助的意愿。

在沟通过程中，可以运用话术表示愿意为客户提供帮助：“让我看一下该如何帮助您。”“我很愿意为您解决问题。”“很高兴为您服务。”

当客户正在关心自己的问题是否能够得到解决的时候，坐席代表体贴地表现出愿意提供帮助，客户自然会感觉到安全、有保障、可信任，从而消除疑虑。然后坐席代表要做的就是为客户提供解决方案。在为客户提供解决方案的时候要注意以下几点。

① 为客户提供解决方案的时候，通常解决办法不是唯一的，所以坐席代表应尽量提供多个方案供客户选择。这会让客户感觉到服务的人性化，并感受到被尊重，从而得到客户更多的认可和配合。

② 向客户诚实地承诺。能够第一时间帮助客户解决问题当然是最好的。但是有些问题可能比较复杂或特殊，甚至超出坐席代表的工作权限范围，导致其不确定应该如何为客户解决。如果真的出现不确定的情况，首先不要向客户作出任何承诺，而是诚实地告诉客户情况有些特别，但会尽力帮助客户寻找解决的办法，且需要时间。然后约定给客户回复的时间，需要注意的是，在约定时间的时候尽量多留给自己一些处理时间，如这件事正常情况下给客户回复的时间是5分钟，在同客户约定时间的时候可以定在10分钟。这样做的好处是，如果在5分钟之内就给客户回复，客户会认为你的工作效率很高，服务优秀。但是坐席代表每天都要处理各种各样的问题，有可能需要在同一时段处理多个问题，本来处理一件事情需要5分钟，但是有其他事情更急，这样就造成了这件事情有可能被延误处理。一旦超出和客户约定的时间，客户的满

意度就会大大下降。这也是设立客户期望值的一个简单的方法。约定好时间以后，坐席代表需要做的就是确保在这个时间内给客户回电话。即使仍不能帮客户解决问题，也要准时打电话向客户解释并说明工作的进展，表明自己所做的努力，并再次约定给客户答复的时间，同时向客户承诺。与做不到的事相比，你的诚实会更容易得到客户的尊重和理解。

2）鼓励客户先开口。

① 倾听客户讲话本来就是一种礼貌的行为。愿意听客户的诉求表示坐席代表愿意客观地考虑客户的看法，这会让客户觉得坐席代表很尊重他的意见，有助于建立融洽的关系，进行友好的沟通。

② 鼓励客户先开口，可以降低沟通过程中的竞争气氛。坐席代表专注的倾听可以培养开放的气氛，有助于彼此交换意见。

③ 若客户先提出他的看法，坐席代表就有机会在表达自己的意见之前掌握双方意见的一致之处。通过倾听可以使对方愿意采纳你的意见或处理结果。

3）接受客户的观点。如果坐席代表无法接受客户的观点，就有可能错过很多机会，而且无法建立起融洽的关系。应尊重客户的观点，可以让客户了解你一直在听，并且听懂了他所说的想法。尽管你可能不同意客户的观点，但会让客户觉得你很尊重他的想法。接受客户的观点能够帮助客户建立自信，从而使客户愿意接受坐席代表提出的不同意见。

4）总结重点，确认理解。坐席代表与客户进行沟通时，需要一边倾听，一边从客户的谈话内容中整理出重点。所以，在倾听过程中，坐席代表必须做到过滤无关紧要的部分，把注意力集中在客户想说的重点和主要想法上，再针对重点内容向客户确认，真正理解客户所讲的内容。例如：

“您的意思是……我这样理解对吗？”

“我重复一下，您的意思是……”

“按我的理解，您是说……”

如果不太确定客户比较重视哪些重点或想法，就可以运用提问的方式对有效的信息进行挖掘。

5）倾听过程中不打断客户。

客户在表达自己观点的时候，一些坐席代表经常会显得不耐烦，急于发表自己心中的想法，但客户往往将重要的内容放在后面说，也就意味着坐席代表会失去客户将要讲的重要信息，通常这些重要信息就是客户真正的意图、需求。一旦说话被打断，客户就失去了吐露心声的兴趣，对解决问题造成了很大的阻碍。例如：

一位客户急匆匆地来到某商场收银处。

顾客说：“小姐，刚才你算错了50元……”

收银员满脸不高兴：“你刚才为什么不数清楚，银货两清，概不负责。”

顾客说：“那谢谢你多给的50元。”

顾客扬长而去，收银员目瞪口呆。

因此，不要打断客户说话，不要假设了解客户。用心倾听，不打断对方说话，不随意插话，让客户把话说完，你再说话。

6）集中精力，适时回应。将精力放在客户身上，并让客户时刻感受到他正在受到尊重。很多坐席代表忽略了这一点的重要性，虽然他们在听客户讲的内容，实际上心里在想如何应对客户，结果忽略了客户要讲的重要信息。

如何才能让客户感觉到你在听他的讲话并且不打断客户呢？适时给予客户回应，也就是类似于附和的简单语言，诸如“嗯”“好的”“您请讲”“我理解”“然后呢”“原来是这样”等词语。这样不仅能让客户知道你在听他讲话，还能起到鼓励客户的作用，客户会认为找到了一个很好的倾诉者，并且愿意把更多的信息传达给你。

相信每个人都有这样的经历：当你在打电话的时候对方很长时间没有声音，这时候你会担心地问一句：“喂？你在听么？”因为你担心电话断线或者信号不好。这种情况如果发生在生活中可以不必追究，但是不能发生在和客户沟通的过程中。

7）倾听关键词语。关键词语指的是在与客户沟通过程中，客户描绘具体事实的字眼，并且透露出某些信息，也显示出客户的兴趣和关心。通过关键词语，坐席代表可以猜出客户喜欢的话题及内心的需求。

找出客户的关键词语就有可能匹配客户的真实需求，将话题引入客户所说的关键内容，对方就可以感觉到你对他所说的话很关心。例如：

坐席代表：“现在是您负责这个部门的日常管理吗？”

客户：“现在还是我负责。”

坐席代表：“您的意思是不是说您未来可能不在这个部门了？”

客户：“是啊，我下个月就离职了。”

这里有两个关键词：“现在”“还”。对于有些人来讲，认为客户就是负责人。但一个出色、专业的坐席代表就会发现其中的疑问，并进一步提问：“您的意思是不是说您未来可能不在这个部门了？”客户回答：“是啊，我下个月就离职了。”这个信息是不是很重要？

通过倾听并锁定关键词可以帮助坐席代表抓住与客户沟通的核心，客户也会感到愉快。

8）避免使用专用术语。在电话沟通的过程中，避免使用专业术语。有的坐席代表为了炫耀自己的专业水平，在电话中讲客户听不懂的专业术语。这是客户服务中的禁忌。

9）做好沟通记录。一线服务人员每天要面对许多客户，每位客户的要求都不尽相同。在通话中记录与客户谈话的重点是避免遗忘客户信息的方法。

记录谈话内容的目的除了防止遗忘以外，还具有核对作用，在重复确认客户谈话的时候核对你听到的与客户所要求的是否不同，并且在达成协议并实施的时候，可以根据记录检查是否完成了客户需求，避免由于遗忘造成客户投诉，消除“已经交代了”“没有听到”之类的口角纷争。

2．学会运用有效沟通三原则

为了明确的目标，把信息思想和感情在客户间传递，并且达成合意的过程，即有效沟通。坐席代表每天的工作基本是靠沟通完成的，可以说沟通是呼叫中心的主要使命。有效沟通在呼叫中心企业中极为重要，它能够拉近企业、坐席代表与客户之间的关系，增加客户的满意度，维护企业形象。坐席代表要学会与客户进行有效沟通，明白客户的真正需求，提高客户满意度。

在与客户沟通的过程中，如果想要建立一个良好的沟通氛围，并且使沟通有一个良好的结果，就必须遵循有效沟通三原则。

（1）谈论行为不谈论个性

谈论行为即讨论一个人做的某一件事情或者说的某一句话。个性是对某人的观点或评论。因此，谈论行为即“对事不对人”的原则。在日常生活中，常常会出现客户对坐席代表认为简单的问题出现不理解的情况，坐席代表不能在沟通中给客户“这种简单的情况都不明白”的感觉，这里要明确的一点是，客户不是专家，坐席代表才是这个领域的专家，客户遇到困难才会寻求帮助，坐席代表不仅要为客户解决问题，还要考虑到客户的感受。所以在与客户沟通的过程中一定要遵循“对事不对人”的原则，把沟通重点放在如何为客户答疑解惑上。只要客户提出的问题得到解决，并且与坐席代表达成交流思想和情感的目的，客户的疑惑、抱怨抑或投诉都会迎刃而解。

（2）沟通明确

在与客户沟通的过程中，坐席代表说的话一定要明确，让客户有准确、唯一的理解。避免说一些模棱两可的话，如“应该”“大概”“也许”等。例如，某位客户咨询某物流快递客服中心关于货物多久能够到达的问题，若坐席代表回复“应该在下周二到货，如果下周二货物没有抵达，您再拨打电话咨询。”这个时候客户等到的信息就是不明确的。所以，沟通中一定要给客户一个明确的答复。

（3）积极倾听

倾听指的是设身处地的听。倾听的目的不仅是听出客户所见的内容，判断需求，更重要的是听出客户的感情和内心的世界，发现客户的真正需求和潜在需求。学会倾听客户的心声也是对坐席代表的基本要求。倾听是促进坐席代表与客户拉近距离的有效工具，是建立客户信任的润滑剂，是心与心的碰撞，是思想与情感的交流和融汇。学会倾听的坐席代表会勤于思考，富有创造力，从容冷静地面对各种挑战，充满活力与自信。

3．进行有效提问

在沟通过程中，获得信息的一般手段是提问，通过一问一答构成沟通的基本部分。在沟通过程中，首先要确认对方的需求，否则就无法达成共同的协议。提问的能力是指坐席代表通过选择合适的提问方式向客户进行提问，通过这种方式获取相关信息，并根据该信息促进与客户进一步沟通的能力。

（1）提问方式的优势、劣势

提问方式分为开放式提问和封闭式提问两种，两种提问方式各有优劣势，只有根据不同的客户和不同的情景合理选择提问方式，才能与客户进行有效沟通。

（2）封闭式问题的优势和劣势

① 优势：封闭式问题容易回答，可以节约时间，使发问者在最短的时间内得到特定的资料或信息；容易控制谈话的内容，而答复这类问题也不必花费时间去思考。

② 劣势：封闭式问题不利于收集信息，简单地说，封闭式问题只是确认信息，确认是不是、认可不认可、同意不同意，收集信息不全面。封闭式问题容易导致谈话枯燥，使客户不舒服或感到紧张。

（3）开放式问题的优势和劣势

① 优势：收集信息全面，能得到更多的反馈信息，谈话气氛轻松，有助于帮助分析客户是否真正理解你的意思。

② 劣势：浪费时间，谈话内容容易偏离主题。

在沟通中，通常在刚开始沟通时，坐席代表就希望营造一种轻松的氛围，所以在开始谈话的时候，最好问一个开放式问题。当发现话题偏离主题时，可问一个封闭式问题。当发现客户紧张时，可问开放式问题，使气氛轻松。要想让谈话继续下去，并且有一定的深度和趣味，就要多提开放式问题。开放式问题就像问答题一样，不是用一两个词就可以回答的。这种问题需要解释和说明，同时向对方表示你对他们说的话很感兴趣，还想了解更多内容。

（4）不利于收集信息的问题

在与别人沟通中，经常会听到一句话：“为什么？”当别人问我们为什么的时候，我们会有什么感受？我们会认为自己没有传达有效的、正确的信息，或者没有传达清楚自己的意思，或者感觉自己和对方的交往沟通可能有一定的偏差，或者沟通没有成功等，所以对方才会问为什么，实际上他需要的是让你再详细地介绍一下刚才说的内容。以下是收集信息时的方法。

① 少说为什么。在与客户沟通过程中，一定要注意尽可能地少说“为什么”，或用其他的话来代替。例如，“你能不能再说得详细一些？”“你能不能再解释得清楚一些？”这样给客户的感觉就会好一些。实际上，在提问的过程中开放式和封闭式问题都会用到“为什么”，但要注意的是，应尽量避免问过多的“为什么”。

② 少问带有引导性的问题。“难道你认为这样是不对的吗？”这样的问题不仅不利于收集信息，还会给对方不好的印象，同时反问客户也是不礼貌的行为。

③ 避免问多重问题。问多重问题即连续性地问对方很多问题，使对方不知道如何回答。即使客户进行回答，也不会将多个问题全部回答，不利于收集信息。

4. 运用总结与重复

总结与重复（理清）的能力是指坐席代表针对客户提供的重要信息进行实时性的重复核对，以及当坐席代表与客户在沟通过程中产生分歧时，及时帮助客户理清事情头绪，并使沟通走向正确方向的能力。

（1）总结

总结在坐席代表与客户沟通过程中的作用是，坐席代表对本次沟通进行总结归纳，它与重复不同，重复会发生在沟通的任何一个阶段，而总结往往出现在沟通快要结束的时候或者一个事情沟通结束的时候。其目的是和客户确认本次沟通的内容，这些内容包括客户来电的要求、坐席代表提供的解决方案，以及解决这些事件承诺的处理时间范围及其他注意事项。

（2）重复

重复在坐席代表与客户沟通过程中的作用是，当客户提供关键信息的时候，需要坐席代表实时地进行重复确认，从而避免由此带来的工作失误。这些信息包括客户的姓名、电话、地址、邮编、证件号码及客户的特殊要求等。

重复的另外一个作用是坐席代表在了解客户的来电意图后，将此意图复述或者换一种表达方式讲给客户听，用于同客户确认坐席代表的理解是否有误。

（3）理清

理清通常运用在坐席代表与客户沟通过程中，针对一件事情出现两种或两种以上不同看法或矛盾的时候。

在日常工作和生活中，不同的人看到同样的事物做出的反馈往往是不同的，这就有可能产生分歧。这个时候，需要利用总结与重复的办法进行理清。常见的理清方法是通过在总结与重复的过程中找出矛盾事宜的共同点，有针对性地进行解释。

5．运用同理心

（1）同理心的定义

同理心又叫作换位思考，指站在对方的立场设身处地思考的一种方式，即在人际交往过程中，能够体会他人的情绪和想法、理解他人的立场和感受，并站在他人的角度思考和处理问题。主要体现在情绪自控、换位思考、倾听能力及表达尊重等与情商相关的方面。同理心不仅是为了理解别人，也是让别人理解自己。同理心并不需要你迎合别人的感情，而是希望你能够理解和尊重别人的感情，希望你在处理问题或作出决定时，充分考虑到别人的感情及这种感情可能引起的后果。

同理心不同于同情心。同情心是对他人处境的一种情感认同和表露，总体表现在情感层面，是一种能与他人的感情起共鸣的能力，并没有设身处地体会对方的情绪和想法，也缺少站在对方的角度思考和处理问题。因此在与客户沟通时要运用同理心，以理解为核心，而不是做“袖手旁观”的同情者。

（2）运用同理心的意义

信任关系来源于同理心，要建立信任关系，就要在与客户沟通中逐步体现出自己的同理心，并以此证明自己是值得信任的。这是一个长期的不断深化的过程。你对客户越真诚，越善于倾听、体谅、尊重或宽容客户，客户也就会越真诚和信任你。如此继续下去形成一个良性循环后，你与客户的交往就非常顺利了。

善用同理心，这是最基本的也是最重要的一项心理能力，当你设身处地地为客户着想时，你就会明白很多事发生的原因，调试自己的心情，更好地为客户服务。同时，同理心的运用可以让你做到理解客户，更愿意去帮助他们。善用同理心还可以让你以更客观的眼光去看待事情，很好地调节情绪，促使你更容易做出善举，主动帮助客户。孟子曾说过：“恻隐之心，仁之端也。”就是说，同理心是仁爱的开端。所以无论在工作中还是生活中，多运用同理心，能使你工作得更开心，生活得更快乐。

（3）同理心沟通的原则

站在对方的角度思考和讲话，是同理心沟通的第一步，第二步是在沟通中处理好心情、注意聆听，并听出话外音。

1）先处理心情，再处理事情。一个正确的沟通不仅要准确地传达信息，还要传递情感，达成心理、感受、感觉方面的交流。因为只是把话讲明白、说清楚是不够的，讲话中间还包含很多的情绪和情感，要恰当地表达出来。因此，同理心沟通需要先处理心情，再处理事情。具体来讲，要有四种情绪管理能力：第一，了解自己的情绪；第二，控制自己的情绪；第三，了解别人的情绪；第四，影响或者引导他人的情绪。例如，在做保险业务时，要充分识别客户的心情。如果感觉客户心情不好，要先进行安慰，尤其在面对被保险伤害过的客户时，不要被他们对保险过激的言行干扰，一定要让客户发泄后，处理完客户对保险情绪方面的问题，再发表自己的观点进行沟通。

2）认真聆听。聆听过程中，要做到以下三点：第一，眼睛直视对方，保持积极的情绪，以鼓励对方；第二，认真听，以便从倾听的信息中找到共同点，求同存异；第三，适时地给出反应，以激励对方也激励自己。在与客户沟通时，切忌滔滔不绝，而应先聆听客户的意见，再表示认同，从而发表自己的意见。同时，让客户多说、多展示自己，才能让客户感受到被尊重，从而打开心扉。

3）注意对方的语气，听出弦外之音。一句话的含义往往不仅决定于其字面意思，还决定于它的弦外之音。深层次的同理心，不只是表面附和，而是努力理解，以心领神会。例如，做保险业务时，通过电话拜访客户，当听到客户说“保险是骗人的”“没钱买保险”等时，要依据场景，辨识话语的弦外之音。当客户说“没钱买保险”，有可能是拒绝保险的推辞，也可能是生意不佳，导致一时缺乏现金流。因此，坐席代表要认真解读，正确地领悟客户的语言，以达成双赢。

（4）运用同理心的注意事项

当理解了他人的感受后，就要表达出来，让客户觉察到你的感受。运用同理心需要注意以下几个方面：第一，要让客户感受到自己的积极关注，因为没有积极的关注就不可能真正地感受到客户的感受。第二，同理心不同于同情心，要把握好度。不能过度地运用同理心而失去自我，而是在坚持原则的前提下运用同理心，否则物极必反。第三，要根据客户的情况，把握好表达同理心的时机，否则可能是画蛇添足。第四，要不断验证所表达的感受和方式是否准确，得到反馈后再做进一步沟通，不要弄巧成拙。

任务拓展

1．实训任务：根据客户服务情景，正确地运用客户服务技巧完成实训。

2．任务形式：两人一组，进行角色扮演。

3．任务时限：15分钟。

4．任务要求：

① 一人扮演客户，另一人扮演坐席代表，完成后，角色互换，再模拟一次，并相互评价。

② 认真体会两个情景中坐席代表运用的各种沟通技巧。

情景1

华唐票务预订客户服务中心，电话铃响起。

注意：通话的声音表达、标准服务用语、常用技巧和沟通技巧的运用。

坐席代表（清晰温婉）：“您好，华唐票务，请问有什么可以帮您？”

客　　户：“能订票吗？”

坐席代表（微笑）：“可以的先生，请问您需要定什么票呢？”

客　　户：“我想在孩子开学前带她去看一场演出或者电影，不知道有没有适合的。”

坐席代表：“您是希望能有一场物美价廉的演出，并且能够使孩子受到教育是吗？请问您的孩子多大？您对票价有什么要求吗？”（有效倾听、有效提问、同理心技巧的运用）

客　　户：“对，我就是这个意思，孩子还在上小学。票价差不多就行。”

坐席代表：“好的，那我向您介绍一个儿童剧，叫《堂・吉诃德妄想记》，地点在乐童剧社，乐童剧社是专门为了儿童组织的剧社，真正做到了让孩子们看适合孩子们的戏。戏剧创意完全来自孩子，使孩子们用自己的想象力完成更多的艺术作品。票价也不贵，学生票20元，成人票30元，一家三口才80元，您看可以吗？”（有效沟通）

客　　户：“嗯，这个挺好。那我要三张，给我选三个好位置吧。”

坐席代表：“好的，我给您选三个在一起的座位，前后正好在中间，24排12、14、16号，左右也是在中间，您看可以吗？”（同理心运用：想顾客所想，主动帮助顾客）

客　　户：“好，谢谢你，怎么付费啊？”

坐席代表：本地区可以送票上门，票到付款，四环以内地区200元起免费送票，不足200元收取10元快递费；四环以外酌情收费，外省市客户可根据不同情况，采取EMS、留票自取、送交第三方等方式取到票品。

客　　户：“那行，就是加10元呗，我住四环内。”

坐席代表：“好的，请您提供具体的地址、邮编、姓名及联系电话。”

客　　户：“××区东土城路15号，××小区3号楼5单元1202，邮编××0202，我叫张××，电话是1345647××××。”

坐席代表："好的，张先生，我重复一下您的订票信息，您定的是儿童剧《堂·吉诃德妄想记》演出票三张，其中一张学生票，两张成人票，总票价90元，含邮费。您的地址是××区东土城路15号，××小区3号楼5单元1202，邮编××0202，收票人是您本人张××张先生，您的联系电话是1345647××××，对吗？"（重复确认）

客　　户："嗯，对"。

坐席代表："好的，您还有其他问题需要咨询吗？"

客　　户："没有了。"

坐席代表："好的，感谢您对华唐票务的支持，张先生再见！"

客　　户："再见！"

情景2

华唐便民热线客户中心，电话铃响起。

注意：坐席代表的每次回复都要一口气说完。

坐席代表："您好，华唐便民热线，请问有什么可以帮您？"

客　　户："我想安装有线电视，我们这个小区比较老旧，但是很多居民已经安装了有线电视。只是我租的这个房子估计很多年没人住，没有安装。现在，怎么办手续呢？"

坐席代表："好的，为了更好地为您服务，请问您的全名怎么称呼？"

客　　户："我姓王，叫王晓明。"

坐席代表："王是三横一竖王，晓是拂晓的晓，明是明天的明，对吗？"（有效提问）

客　　户："嗯，对。"

坐席代表："好的，王先生，办理有线电视报装，首先需要和所属城区内的营业厅联系，确定是否符合报装条件，如果符合，需要携带身份证以及和身份证姓名一致的活期储蓄可结算的个人账户去办理即可。"

客　　户："哦，那费用是多少啊？"

坐席代表："初装费也就是入网建设费，城八区用户，平房320元，楼房300元。部分远郊区县的初装费有所不同。我可以为您做个基本的信息记录，联系您所属的营业厅和您主动联系，您看可以吗？"（同理心运用）

客　　户：“那更好了。”

坐席代表：“好的，请问您的住房地址在哪里？”

客　　户：“地址是××区玉泉路10号院6号楼4单元502室。”

坐席代表：“好的，您是住在××区玉泉路10号院6号楼4单元502室。请问您的个人联系电话是多少呢？”（重复确认、有效提问）

客　　户：“我的电话是1372345××××。”

坐席代表：“好的，您的电话是1372345××××。王先生，请留下您的身份证号码”。（重复确认）

客　　户：“现在就需要留身份证号码吗？”

坐席代表：“您留下的信息越全面，营业厅为您服务时就越方便。”

客　　户：“嗯，那你记一下吧……”

坐席代表：“好的，我为您重复一下，您看是否正确……”

客　　户：“嗯，对的。”

坐席代表：“王先生，您所属城区的营业厅联系电话是8765××××。您也可直接和营业厅联系。”

客　　户：“好的，谢谢。”

坐席代表：“不用客气，很高兴为您服务，感谢您的来电！”

Project 3

项目 3

压力与情绪管理

项目描述

花花入职4个月了，从职场新人到现在初步掌握一些业务技能她付出了很多努力，可是花花发现自己还是很难胜任自己的工作，对这份工作产生了一些惧怕。作为一名坐席代表，在呼叫中心每天要处理大量的电话、面对各式各样客户的种种诉求，对于有些客户提出的问题由于自己没有熟练掌握业务知识导致无法在第一时间解决，难免会有情绪波动。不但影响了自己的服务质量，也导致了工作效率下降，这让花花感觉到压力很大。花花痛苦，却不知道怎么办，不知道该如何缓解压力。

本项目中，通过认识呼叫中心的压力来源、有效管理自我情绪和正确舒缓个人压力三个任务，让学生认识坐席代表压力的来源，能够有效地管理自我情绪，正确地舒缓个人压力，具备良好的情绪管理能力和较强的抗压能力。

任务1 认识呼叫中心的压力来源

任务情景

糖糖：“花花，你今天怎么了？是不是不开心？”

花花：“有一点儿……”

糖糖：“能跟师傅说说吗？”

花花：“我今天服务了一个客户，他的事情其实并不难解决，我都会的，可是客户态度不太好，而且特别着急。我也跟着着急，一下子脑袋就空白了，忘记了遇到这样的情况该怎么处理了。而且我在记录工单的时候打字太慢，跟不上客户描述的速度，让客户更加恼火。导致我一整天工作都不在状态，每接完一个电话我都要调整好久，我的心好累。”

糖糖：“别难过了。看来你是遇到了大家刚入职的时候都曾面对过的问题了，因为业务不扎实而感到压力很大。在这个阶段，如果不疏解压力，将后患无穷啊。来，坐下喝杯水，听师傅跟你讲讲，让我们一起处理这些问题吧。”

任务分析

随着客户数量不断增加，呼叫中心坐席代表所承担的服务任务越来越重，越来越复杂，客户满意度指标要求越来越高。长时间较高的劳动强度和持续的紧张度，容易引起精神上的压力和身心不适，这不仅对坐席代表的身心健康不利，还会给职业发展带来阻碍。正确地认识坐席代表可能会面临的各种压力，有助于坐席代表调整面对压力的心态，在工作中主动寻求乐趣，积极地变压力为动力。

解决压力过大的主要问题在于如何发现压力的来源是外部还是内部。外部压力是指来自客户的压力，包括客户的态度、客户的诉求等。内部的压力是指来自公司内部，如公司的文化、制度、工作环境等。找到了导致压力大的原因就不难缓解压力了。所以，找到每个压力的产生原因很重要。

本任务要求坐席代表对客户服务工作有较为全面的认识，了解坐席代表工作压力的来源，会判断压力的征兆，能够正确地认识压力，树立勇敢面对压力、变压力为动力的积极心态。

任务实施

1. 关注压力状况

当压力偏大的时候通常会出现预警信号，这些信号可以看作出现不良压力的征兆。它们会提醒你注意身体或者精神上所承载的紧张和疲惫，可以帮助你判断是否正在或即将遭受不良压力的困扰。这些预警信号可以分为以下几个方面。

① 生理信号：头痛，或者头痛的频率和程度增加；头部、颈部和肩部筋肉紧张，皮肤干燥长斑；皮肤表面比以前更加容易感受到疼痛；出现胃痛或者消化不良等消化系统问题。

② 心悸胸痛：出现失眠梦多、心跳加快、头晕头痛、恶心呕吐、面色苍白、四肢发凉、胸闷气短、食欲减退、肠胃不适、频繁小便等症状。

③ 情绪信号：易烦躁，或喜怒无常；比原来更加多愁善感；丧失信心，自暴自弃；想远离原来亲近的人群；出现紧张、恐惧、忧虑现象。

④ 精神信号：注意力不集中、反应迟钝、思路中断、记忆力减退；情绪低沉、缺乏自信和生活热情、过度夸大失败后果，常有大难临头之感，更加犹豫不决，学习或工作效率下降、错误率增加。

⑤ 行为信号：烦躁、坐立不安、运动性不安、小动作增加；坐卧不宁、易激动或哭泣、做事拖延时间、怕光怕声；紧张时思维混乱、手抖出汗、视力模糊、逃避有压力的事情。

2. 正确认识压力

心理学认为，压力犹如生命之盐。在感觉剥夺实验中，贝克斯顿在美国麦吉利大学募集了许多大学生志愿者，让这些志愿者每天躺在床上睡觉，并付给他们每天20美元的报酬。他们自己可以决定何时退出实验。这种毫无压力的生活应该是惬意的，还有报酬。而实际情况怎么样呢？大多数志愿者在实验开始后24～36小时内要求退出，没有人能坚持72小时以上。在实验期间，他们由惬意的睡眠渐渐变为厌倦和不安，而后开始唱歌、吹口哨和自言自语，甚至出现幻觉。

这说明，完全没有任何压力，并不会让我们有幸福的感觉。压力研究之父汉斯·塞利认为，如果一个人完全没有压力，那就等同于死亡。一定程度的压力能让人表现得更出色。适度压力带来的是更高的绩效。

压力与绩效的关系如图2-3所示。

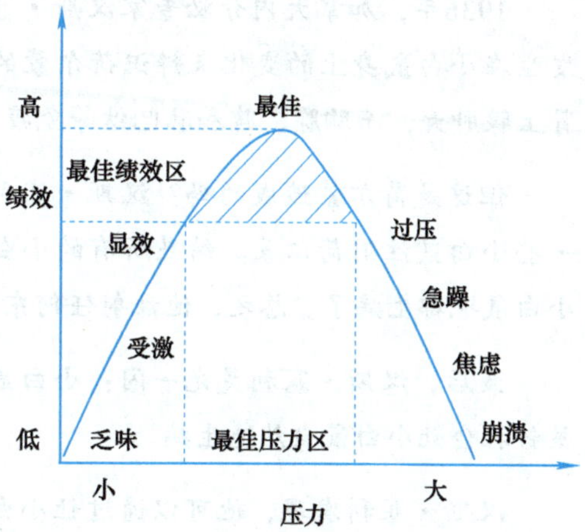

图2-3 压力与绩效的关系

当完成工作任务的压力非常小时，会觉得工作乏味、缺乏挑战性，集中干劲和注意力到工作上的动机很小，从而导致绩效很低。

随着工作压力逐渐增大，易受到激发，使绩效得到提高。在压力达到最佳点之前，工作压力越大，绩效越高。

当工作压力超过最佳点后，压力越大，绩效越低。随着压力增加，依次出现过压、急躁、焦虑等状态，甚至可能使人崩溃。

在绩效最高点附近的绩效区，称为最佳绩效区。在绩效最高点附近的压力区，称为最佳压力区。如何通过压力管理，将工作压力保持在最佳压力区，进而使绩效处于最佳绩效区，是压力管理的主要任务之一。

3．呼叫中心工作中的压力来源

① 来自用户的压力。随着用户数量的增多、需求日益多样化和维权意识的提高，坐席代表经常遇到用户毫无缘由的质问与指责，甚至被语言攻击和侮辱。从事客服工作，可以说最累的不是身体而是心理，每天都承受着较大的压力。

② 来自管理的压力。为实现管理目标，每天需要面对各项服务考核指标，包括话务量、工作状态、通话时长、评价率，以及各种与绩效有关的考核及考试。如果这些压力没有得到及时疏导，势必会影响到坐席工作的积极性，破坏集体观念，涣散团队合力，让员工对企业没有归属感。

③ 来自沟通渠道不足的压力。内部的沟通渠道多种多样，但实际的效用度不高，在管理措施出台之前，应尽量多考虑员工的实施承受能力，尽量多让员工参与，拉近员工与企业的距离。

阅读材料

1936年，加拿大内分泌专家汉斯·塞利在小白鼠身上注射了荷尔蒙。他希望通过观察发生在小白鼠身上的变化来辨识荷尔蒙的作用。结果，小白鼠染上了出血性溃疡。它们的肾上腺肿大，而胸腺、脾和淋巴结等免疫系统器官都缩小了。它们生病了。

但这是荷尔蒙造成的吗？汉斯·塞利开始进行控制实验，给一些小白鼠注射盐水，另一些小白鼠注射荷尔蒙。结果所有的小白鼠都出现了相同的症状。他又注射其他提取物，小白鼠也都生病了。总之，他注射任何东西，小白鼠都会生病，而且症状相同。

最后，汉斯·塞利灵光一闪：小白鼠生病不是因为被注射的东西，而是注射的过程。被针扎会让小白鼠自然地生病。

汉斯·塞利发现，他可以通过让小白鼠遭受任何不舒服的体验而制造出同样的症状：将其暴露在极冷或极热的环境中，强制其运动，不允许休息，使噪声不间断地骚扰等。48

小时内，小白鼠肌肉紧张，消化道出现溃疡，然后免疫系统失灵。接着，它们死了。

汉斯·塞利选择用“压力”指他对小白鼠做的事情（他对小白鼠施加了压力），又指它们的身体如何应对（压力反应）。压力科学诞生了。

作为医生，汉斯·塞利曾经观察过许多身体没一个好地方的患者。他们被诊断患上了某种疾病，但有其他的症状——没胃口、高烧、疲倦、透支。这些症状不是该种疾病的典型表现。病人看起来被拖垮了，毫无斗志。

汉斯·塞利认为，压力是身体对施加在它之上的任何要求的反应。他把适应压力的过程分为以下三个阶段。

①警觉阶段。此阶段发现了事件并引起警觉，同时准备战斗。在警觉阶段，交感神经支配肾上腺分泌肾上腺素和副肾上腺素，这些激素促进新陈代谢，释放储存的能量，导致呼吸、心跳加速，汗腺加快分泌，血压、体温升高等。

②搏斗阶段。此阶段全力投入对事件的应对，或消除压力，或适应压力，或退却。在搏斗阶段，生理和生化指标在表面上恢复正常，外在行为平复，但这是一种表面现象，是一种被控制状态；个体内在的生理和心理资源被大量消耗；由于调控压力而大量消耗能量，因此个体变得敏感、脆弱，即使是日常微小的困扰都可能引发个体的强烈情绪反应。例如，孩子哭闹、家里来客人、接听电话、家庭成员小小的意见分歧，都可使其大发雷霆。

③衰竭阶段。此阶段会消耗大量的生理和心理资源，最后“精疲力尽”。进入衰竭阶段后，外在压力源基本消失，或个体的适应性已经形成，那么经过相当时间的休整和养息，仍能康复。如果压力源仍在，个体仍不能适应，那么一个能量资源已经耗尽而仍处在压力下的人，就会发生危险，导致患上疾病甚至死亡。

呼叫中心坐席代表压力过大，将导致工作质量下降，从而给客户满意度、出勤率、队伍稳定性等指标带来影响，甚至对整个企业的管理效益、服务水平、品牌与形象造成损害，而进行压力疏导除了呼叫中心提供的帮助之外，更需要员工制订自我情绪调节方案。

4．坐席代表的压力来源

坐席代表必须全天候聚精会神地回答客户咨询、处理各种业务，以至于精神高度集中、劳动强度巨大，部分行业的坐席代表还会时常上夜班，导致生物钟紊乱，加之某些客户语言交流不畅、处理问题稍不如己意就会失去理智，但是坐席代表必须坚守“客户就是上帝”的理念，所以只能忍气吞声，久而久之就会感到身心疲惫。除此之外，坐席代表“只闻其声，不见其人”的工作性质，通过电话办理各项业务，自身的感受也很容易被忽略。坐席代表所面临的压力主要来自以下六个方面。

（1）工作条件

导致坐席代表产生工作压力的工作条件包括复杂工作和超载工作等。复杂工作指的是需要完成的工作的固有难度，如坐席代表进行电话销售的时候可能营销的产品还没有被广泛接受，很难使客户通过一个简单的电话就接受某个产品或服务。超载工作是指完成工作所要求的体力和智力超过了坐席代表的能力，如一天工作8小时要求坐席代表打出200个电话，工作量很大。

（2）内外沟通的压力

呼叫中心每天的业务量巨大，坐席代表之间很少有时间进行沟通交流，坐席代表和其他部门也难以获得更多交流的机会，工作比较单调，这种无形的焦虑容易使坐席代表产生压力。同时，部分企业的呼入坐席实行7×24小时倒班制度，与朝九晚五的工作人员相比，他们与朋友和家人共同相处的时间很少，彼此交流受到影响，容易形成“孤岛”。

（3）绩效考核的压力

从大的方面看，呼叫中心的绩效考核可以分为质和量两个部分。质方面的指标包括快速解决客户问题、有效的通话技巧、电话服务礼仪、语音语气语调、客户满意度等；量方面的指标包括单电通话时长、每日接听量、候机时间、临时签退率等。在两重考核指标下，坐席代表容易顾此失彼，使得工作目标不够清晰，压力增大。

（4）“以客为尊”的心理压力

呼叫中心坐席代表必须坚守“客户至上”的信条，但坐席代表每天都会遇上形形色色的客户，客户素质参差不齐，对坐席代表的态度也不尽相同。一方面，坐席代表必须严格执行各项规章制度；另一方面，客户需求不同，性格不同，某些客户强烈要求办理根本无法在线受理的事情，无法得到满足要求时还会拿坐席代表当出气筒。而坐席代表必须最大限度地满足其要求，常常深陷两难困境，还要鉴于客户满意度指标的考核，只能耐心解释，微笑着说话。

（5）职业规划的压力

很多人把客户服务人员简单想象为“接线员”，同时，这个行业的工作处于公司重要但非核心的幕后部门。此外，由于对行业生疏导致对行业个人职业前景的不明确，以及客户服务部门相对扁平化的管理模式，这些是坐席代表在工作中产生职业发展压力的重要原因。

（6）倒班工作带来的压力

倒班在呼叫中心是常见的，由于倒班需要坐席代表改变作息时间表，在一般人工作的时候必须睡觉，而在一般人睡觉的时候必须工作，这样的改变会对睡眠产生干扰，导致生物钟紊乱。尤其是对于已婚的坐席代表，倒班的工作性质决定了工作家庭冲突带来的压力很常见。很多坐席代表的家人认为高强度的工作、上班时有可能联系不上（有些企业不允许坐席代表带手机到工作区，不允许上外网）、夜班较多等问题严重地影响了家庭生活。当需要照顾孩子、参加家长会等时，坐席代表经常会因为工作而无法脱身，心怀愧疚，久而久之也会形成压力。

5. 压力的高危人群和易安全人群

（1）A型性格

A型性格的人是压力的高危人群。A型性格是美国著名心脏病学家弗里德曼和罗森曼于20世纪50年代首次提出的概念。他们发现，许多冠心病患者表现出一些典型而共同的特征，如雄心勃勃、争强好胜、醉心于工作，但是缺乏耐心、容易产生敌意情绪，常有时间紧迫感等。他们把这类人的行为表现特征称为A型性格。A型性格被认为是一种冠心病的易患行为模式。冠心病患者中有更多的人是属于A型性格，而且A型性格的冠心病患者的复发率高，愈后较差。A型性格的人，其生活状态类似于“深海鱼”，长期的高压环境导致个体的精神做出无意识的被迫的适应，即改变自身人格特征从而适应高压环境，避免体会到压力过大带来的焦虑感。但是心理超速并不意味着身体同样可以接受这种状态，类似于计算机的超频。长期高负荷运转，即使表面看来一切正常，实际对“硬件”损害极大。

A型性格的特征有以下几个。

① 时间紧迫感。行为急促、工作速度快，不仅怕误事，还总想提前；脾气急躁，缺乏耐心，常因急于考虑做事情而彻底不眠，甚至半夜起来做事情。

② 争强好胜。常常雄心勃勃，目标远大，措施强硬，行为刚毅，果敢勇猛，只想到奋斗目标，不顾不良后果。有时候甚至一意孤行、独断专行。走路、办事匆忙，说话快且急，声音响亮，常带爆破性音调。

③ 敌意。总把周围的人看作自己的竞争对手，把外界环境中不利因素所占的比例看得过大，有很强的他人和环境控制欲。

（2）B型性格

与A型性格相反的性格是B型性格。B型性格不像A型性格那样争强好胜，他们常常满足于现状，知足常乐，内心很平静，没有大的情绪波动。正是这种不温不火的性格特征，致使B型性格特征者较能抵抗压力，很少人发生过应激反应转移，神经内分泌量功能平衡较少发生紊乱，故B型性格者患有亚健康的概率较小，发生心血管疾病的危险也较小。即使发病，其发病的时间也相对较晚。

因此，B型性格者的群体较A型性格者的群体更为健康。而且，他们也最与长寿结缘。调查资料显示，长寿者80%以上属于B型性格的人。不过也有专家指出，他们可能容易出现龋齿。和蔼、宽容、大度、遇事不急躁的刘备就是典型的B型性格。

B型性格的特征有以下几个。

① 性格中庸，不执拗。性格倾向不偏不倚，对事物有自己的看法，但态度并不明确。对不同的意见，很少进行激烈的争执，不固守自己的观点。性情温和，说话时音调较低而轻柔，

态度平和。

② 遇事从容，节奏缓慢。工作中处理事情从容不迫，工作和生活的节奏缓慢，喜欢一件一件事情做，不强调同时做几件事，时间表安排得很宽松，即慢性子。

③ 安宁稳重，与世无争。心理和情绪平静，不浮躁，不存在与人争夺的目标，更不会主动去攻击他人。

④ 平稳有余，斗志不足。心态和行为过于平稳，没有竞争的紧迫感，因而斗争的意志不足，缺乏昂扬向上和进取的精神。

⑤ 少有抱负，淡泊得失。缺乏很高的抱负，奋斗目标不高，不太会在乎所得或所失。常常安于现状、容易满足、知足常乐。

⑥ 深思熟虑，优柔寡断。遇事习惯深思熟虑、瞻前顾后、缺乏主见和果断，举止平庸和拖沓。

⑦ 善于适应，人际缓和。由于心平气和，不存在敌意，因此能善于适应环境和为人处世，人际关系一般很和谐。

任务拓展

1．实训任务：舞台剧表演：小A和小B的一天。

2．任务形式：全班学生均可参与，以讲台为舞台即可。

3．任务时限：20分钟。

4．任务要求：体验A型性格与B型性格的区别及在压力面前的不同反应。

准备工作：

① 将表2-3改编成故事剧本。

② 演员分为小A组和小B组两组，每组4人以上（具体人数根据故事剧本要求决定），分别表演一个场景。

③ 其他学生扮演群众，任务是讨论演员的内心活动。

活动程序：

① 小A组和小B组，先后表演第一场景“早上出门”“进教室”事件。随后群众讨论此事件中两位主人公不同的内心活动，以及当有学生来晚了走进教室时，坐在座椅上的学生对晚来学生的看法。

② 小A组与小B组，先后表演第二场景“水洒裤腿”事件。群众讨论此事件中两位主人公不同的内心活动，以及当遇到类似“侵犯”行为时自己的内心活动、应对方式及事件处理的效果。

③ 小A组和小B组，先后表演第三场景“中午午休”事件。群众讨论此事件中两位主人公不同的内心活动。

④ 小A组与小B组，先后表演第四场景“晚上睡觉”事件。群众讨论此事件中两位主人公不同的内心活动。

总结。不同的内心想法会让面对同样事件的人产生不同的压力效果，在生活中要善用内心想法来调整自己的压力状态。

表2-3 小A和小B的一天

潜在的压力事件		小A	小B
6:30闹钟没有响，睡过了	反应	急忙梳头穿衣服，推开老妈送到嘴边的早饭，冲出家门	打电话给老师，告诉他自己将会迟到一节课，做好上学准备并和往常一样吃早餐
	想法	我不能迟到！我不能让全班同学看着我进教室，不能让老师觉得我是一个迟到的坏学生	这不是大问题，我有办法补上这节课的内容
	结果	急急忙忙离开家	轻轻松松离开家
10:00课间被匆忙路过的同学碰倒水桶弄湿了裤腿，同学没有停下	反应	嘴上没说话，但是之后就不想理这个同学了	理智地考虑如何把裤腿弄干，同时保持冷静
	想法	他看不起我，我不能容忍没教养的人	他可能有急事着急去办，湿了的裤腿要认真处理，否则对健康不利
	结果	裤腿还是湿的，很不舒服。我一整天见到这个同学都斜眼看他	借到吹风机吹干了裤腿，没有不舒服。同学找机会向我道歉了，当时有急事没有注意，希望我不要介意，我也原谅了他
12:00午休	反应	边准备实习报告边吃午餐，找不到参考书，后来饭凉了	专心吃完午餐，出去散步20分钟，回教室看书
	想法	我还有好多事情没有做完，好多参考资料要看，要充分利用每分钟去做	午休真美好。可以帮助我恢复精力，还可以使我放松地看自己想看的书
	结果	书沾上了饭菜汁，饭冷了，吃的有些胃痛	精力恢复到良好状态，下午更有精神
23:00睡觉	反应	难以入睡，满脑子都是有关实习报告的事情。失眠2小时	上床10分钟后入睡
	想法	为什么自己不能做得更多更好呢？指导老师会对我的表现失望	啊，愉快的一天！很高兴今天应对了突发的事情，没有让问题发展得更严重
	结果	一夜多梦，早上既郁闷又疲惫	神清气爽地开始新的一天

任务2 有效管理自我情绪

任务分析

如果数据是呼叫中心的心跳，那么情绪就是呼叫中心的脉搏。在行业内有这样一种说法，如果坐席代表需要达到的工作质量以100%表示，则其中30%取决于坐席代表对岗位知识的掌握，而70%则取决于坐席代表的情绪好坏。坐席代表是客户直接的面对者，也是情绪传递的直接媒介。呼叫中心坐席代表的工作很多时候被人称为情绪劳动。在工作中，情绪激烈的用户、工作量的压力、上级的误解等，都可能成为坐席代表产生消极情绪的因素。消极情绪势必会影响到与用户的沟通，还有可能让矛盾冲突升级。优秀的坐席代表不仅要有强大的心理承受能力，还要有有效管理自我情绪的能力。

本任务要求坐席代表能应用情绪ABC理论解释消极情绪，察觉不合理信念，当出现消极情绪时，能够通过PPP工具【接受所有（Permission）、积极诠释（Positive）和理性透视（Perspeitive）】有效管理自我情绪，成为情绪的主人，创造内心的和谐，用积极乐观的精神面貌面对客户。

任务实施

当我们出现消极情绪时，对于大脑来说最省力的方式就是指责他人，将事件的原因归因于外。如果双方都归因于对方，最终会导致矛盾不断升级。沙哈尔在哈佛《幸福课》中提到PPP工具，心理学专家石泉在此基础上做了修改，形成新PPP工具。

1. 接受所有

接受可以让我们从焦虑过渡到平静，让自己更有力量做出努力改变现状。接受包括接受自己、接受他人和接受环境。

首先，接受自己。如果我经历了困难，遇到了挫折，第一步就是给自己许可，接受不完美的自己。虽然我会出现一些问题，会经历一些挫折，有些事情没能处理好，但是这是正常的。我没有把某些事处理好，是我当时不够成熟，能力上还有欠缺，但已经过去了，我无条件地接受自己，准许自己为“人”。

其次，接受他人。周围的人对我或者某事有各种看法，这是不受我控制的，可能对他来说是对的，他有他的想法、动机，我接受他与我不同这个事实，但不必接受他的观点和行为。有些人可能会对我感到失望，不要在意，这是他的问题，不是我的，这样我才能主宰自己的命运，不受他人的影响。

最后，接受环境。事情已经发生了，结果已经形成了，对此我什么也做不了。这个世界上有很多事情是我无法控制的，能够改变的只有我对它的诠释，不被环境控制。

2．积极诠释

首先，把不愉快的经历当作工具。一切经历都是成长的工具。想象在打游戏的过程中，无外乎就是打怪、过关、升级，打游戏因此带给人们快乐。我们所遇到的困境都可以看成人生中的一个个怪物，等着我们去打败它，然后过关，升级，成为更好的自己。挖掘每段经历，了解其中的闪光点、成长的机会、从中学到的内容。

其次，把不愉快的经历当作机会。找出失败中的闪光点，挖掘其中的机会，把每次失意都看成对自己的提醒和下一次成功的基础。例如，爱迪生发明灯泡的时候，失败了8000多次，有人讥讽他说：“你失败了8000多次，真了不起！”爱迪生却坦然地说：“先生，你错了，我只不过是证明了7600多种材料不适合做灯丝而已。”

最后，将注意力转向别处。有时执着于分析每个情感、感觉和想法，反复思考并不一定对自己有帮助。对于暂时还没有办法解决的事情，反复出现某种情绪或者想法，一直都在徒劳地抗争是有害的。因此，当消极的想法或者负面的情绪出现时，可以将注意力转到别处，如听音乐、跑步、聊天等。

3．理性透视

首先，在时间维度上重新看待这件事。有一个10/10/10法则，即分别从10分钟后、10个月后和10年后看这件事，体会自己的感受，观察自己是否还值得为之伤神。生活中我们为之伤神的事都是小事。在为小事伤神时，可以问自己，我在10分钟后的感觉是什么？可能还很沮丧。10个月后的感觉怎么样？可能还有些不快乐。10年之后的感觉呢？基本不记得有这件事了。想象自己已经担任很高的职位，你会向你的下属怎样讲述这段经历呢？或者你在写一本自己的回忆录时，会在书中描述这段经历吗？会怎么描述呢？

其次，在空间维度上认真看待这件事。一件事失败、一件事不如意并不代表事事不如意，只是以目前的能力水平或者因为错失了某些机会造成了这件事的失败或不如意，不会影响到做其他的事情。例如，一次语文考试没有考好，并不代表数学考试也不能考好。

最后，在人格化维度上审视这件事。一次失败不能代表自己是失败者，一次不开心也不代表自己不幸福，一次语文考试没有考好不代表自己笨，不代表未来没有前途。

案例

某天早上，公司系统出现故障，影响客户使用公司产品，造成损失，客户投诉时火气很大，一个新入职的坐席代表处理不得当，导致被连带投诉。

这位坐席代表接下来的一天可能是这样的：这是公司的错，系统老是出故障，影响了客户；这个客户太刁蛮了，培训时培训老师也没有告诉我怎么处理这种问题，真糟糕；回家的路上越想越郁闷，不小心撞到了别人，大吵了一架；回到家里做饭时不小心打碎了一个碗，开始愤怒：连一个碗都烦我；又想到昨晚孩子写作业拖到很晚，夜里自己也没有休息好，恨不得把孩子揍一顿；心里开始想最近事事不顺，每件事都让我烦心，我是不是有问题了？以后可怎么办呢？这份工作好像不适合我，我是不是不该选择这份工作？

必备知识

1. 情绪ABC理论

对外界发生的负性事件，为什么会产生消极的、不愉快的情绪体验？人们常常认为罪魁祸首是外界的负性事件A（Activating Events）。但是美国心理学家阿尔伯特·艾利斯认为，事件A本身并非是引起情绪反应或行为后果C（Emotional and Behavioral Consequences）的原因，而人们对事件的不合理信念B（Beliefs）才是真正的原因所在（见图2-4）。因此要改善人们的不良情绪及行为，就要劝导干预D（Disputing Irrational Beliefs）非理性观念的发生与存在，而代之以理性的观念。等到劝导干预产生了效果E（Effect），人们就会产生积极的情绪及行为，心里的困扰因此会减弱甚至消除，就会有愉悦充实的新感觉F（New Feeling）产生。

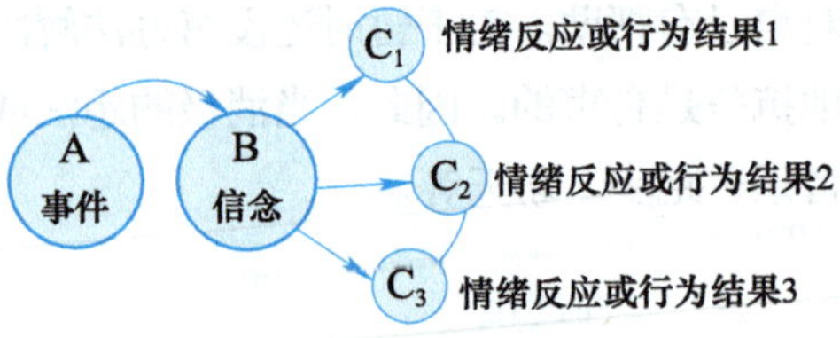

图2-4 情绪ABC理论

如果坐席代表认为客户的投诉是有意的挑衅或者找麻烦，则坐席代表很容易带着不耐烦或者搪塞等消极的情绪应对客户；如果坐席代表觉得客户的投诉是出于对企业的关心，则坐席代表就很容易带着感激的心情耐心地回答或者详细地记录客户提出的问题，从而使得客户的投诉成为一个愉快的过程。

阅读材料

1960年，著名心理学家沃尔特·米歇尔开始了一项长达14年的实验。他在斯坦福大学附属幼儿园里选择了一群4岁的孩子，这些孩子多数为斯坦福大学教职员工及研究生的子女。

这些孩子走进一个大厅，每位孩子面前放着一块软糖。测试老师对孩子们说：“老师出去一会儿，如果你能坚持到老师回来还没有把自己面前的软糖吃了，老师就再奖励你一块。如果你没有等到老师回来就把软糖吃了，你就只能得到你面前的这一块。”

在十几分钟的等待中，有些孩子缺乏控制能力，经不住糖的甜蜜诱惑，甚至在老师说话时就已经把糖吃了。而有些孩子领会了老师的要求，尽量使自己坚持下去，以得到两块糖。他们用各自的方式使自己坚持下去。有的把头放在手臂上，闭上眼睛，不去看那诱人的软糖；有的自言自语、唱歌、玩弄自己的手脚；有的努力让自己睡着。最后，这些有自控能力的小孩如愿以偿，得到了两块软糖。

研究者对接受这次实验的孩子进行长期跟踪调查。结果发现，那些向往未来而能克制眼前诱惑的孩子，在学业、品质、行为、操守方面，与另一组相比有显著优越的表现。

这说明，决定人生成功的因素并非只有传统观念中认定的智商，非智力因素特别是情绪智力对个人的成功有着极为重要的影响。情商的要素之一就是人的自控能力，人的自控能力大小跟人生成功与否有着密切的关系。从某种意义上讲，情商表现的是人们通过控制自己的情绪来提高生活品质的能力，即如何激活自己的潜能，如何克制自己的情绪冲动，如何使自己始终对未来充满希望等。

2. 不合理信念

阿尔伯特·艾利斯通过大量的临床经验，总结了对人体伤害最大的11条不合理信念，见表2-4。

表2-4 艾利斯11条不合理信念和与之相应的合理信念

序号	不合理信念（C）	辩驳（D）	与之相对应的合理信念（E）
1	一个人应被周围的人喜欢和称赞，尤其是生活中重要的他人	这是不可能实现的。人在一生中，不可能得到所有人的认同，即便是家人、亲密朋友等对自己很重要的人，也不可能永远对自己持一种绝对喜爱和赞许的态度。更何况人不是为了他人的喜欢和称赞而活，而是为了自己而活。持有这样不合理信念的人，就很可能委曲求全来取悦他人，以获得每个人的赞同和欣赏，但结果必定会使自己感到失望、沮丧和受挫，从而很难再建立自信	一个人只要不被周围所有的人否定和排斥，就可以肯定自己是受欢迎的
2	一个人必须能力十足，各方面都有成就，这样才有价值	这是不切实际的目标。“金无赤金，人无完人”，世界上根本就不存在一个十全十美的、永远成功的人。一个人可能在某些事上较他人有优势，但在另外一些事上，却可能不如他人。虽然他以前有许多成功的境遇，但他无法保证在每件事上都能成功。持有这样信念的人，不得不为永远无法实现的目标而徒自悲伤	人的精力是有限的，能在某些方面有所成就，人生就是有价值的

（续）

序号	不合理信念（C）	辩驳（D）	与之相对应的合理信念（E）
3	那些邪恶可憎的人及坏人，都应该受到责骂与惩罚	“人非圣贤，孰能无过？”这个世界没有绝对的好人，也没有绝对的坏人，不该因他人一时之误就认定他是坏人，以致对他产生极端的排斥和憎恶。就像艾利斯所说：“每个人都应该接受自己和他人是有可能犯错误的人类的一员”	每个人都有可能犯错误，对那些犯错误的人要宽容以待
4	当事情不如意时，是很可怕，也是很悲惨的	“人生不如意事十之八九”。一个人不可能永远成功，生活和事业上的挫折可以说是家常便饭，关键在于你如何对待它。如果一遭受挫折就感到十分可怕，那么只会导致情绪困扰，使事情更加恶化。如果遭受挫折会仔细分析并寻求解决的办法，那么挫折将会是一笔无形的人生财富	一个人受挫是很正常的事情。不喜欢某事可以试着去改变它；如果无能为力就试着接受它
5	不幸福、不快乐是外在因素所造成的，个人无法控制	外在因素对个人幸福有一定的影响，但并非如自己想象的严重。情绪是人的主观体验，正是人对外在事件的知觉、感受和评价引起了人的情绪体验。不正确的、歪曲的评价会导致消极的情绪；正确的、合理的评价会引起积极快乐的情绪。我们无法改变外在事件，但是可以改变对待事件的态度	对外在事件的评价决定人的主观幸福感，通过改变悲观的评价态度，人是可以控制或调节自己的快乐和幸福的
6	我们必须非常关心危险和可怕的事情，而且必须时时刻刻忧虑，并注意它可能再次发生	对危险和可怕的事物有一定的心理准备是正确的，但过分的忧虑则是非理性的。因为坚持这种信念只会夸大危险发生的可能性，使人不能对其进行客观的评价，不能正确地面对并有效地处理解决。杞人忧天只会使生活变得沉重而缺乏生气，导致整日忧心忡忡、焦虑不已。与其担忧不如置之不顾，将精力花在当前需要解决的事情上	对危险可怕的事情要有一定的心理准备，但是不可过分忧虑
7	面对困难和责任很不容易，不如逃避	逃避能够暂时摆脱不愉快的情绪，但问题终究是悬而未决，反而会延误解决问题的时机，只会使问题更加恶化或连锁性地引发其他问题和困难，从而使问题难上加难，最终会导致更为严重的情绪困扰	逃避只是暂时摆脱了情绪困扰，但不能真正解决问题。只要认真对待，困难和责任并非想象中的那么难
8	一个人应该要依靠别人，且需要找一个比她强的人来依靠	虽然人在生活中的某些方面需要彼此相互依靠，但凡事依靠他人，会让被依靠的人产生极大甚至是难以承受的心理压力，反而使良好的人际关系破裂。而过分夸大依靠的必要性很可能让人放弃培养独立自主的能力，失去自主性而导致更大的依赖，产生不安全感	每个人都是一个独立的个体，别人最多只能在某些方面帮助你，但不能代替你生活。安全感的获得需要自己能独立自主

（续）

序号	不合理信念（C）	辩驳（D）	与之相对应的合理信念（E）
9	过去的经验决定了现在，而且是永远无法改变的	过去的经历已成历史，这的确无法改变，但不能说过去的事就会决定一个人的现在和将来。因为事实虽不可改变，但对事件的看法和感悟可以改变，因此人们仍然可以控制、改变自己的现在乃至以后的生活	过去已成历史，但并不决定现在和将来，人通过自身的努力是有能力改变现状的
10	我们应该关心他人的问题，也要为他人的问题感到悲伤难过	关心他人、富于同情，这是有爱心的表现。但如果过分投入他人的事情，就很可能会忽视自己的问题，引发自己的情绪失去平衡，这样不但没有能力帮助他人解决问题，而且使得自己更糟	对于他人的的问题，我们可以表示关心和同情，有能力时不妨伸出援手，但如果帮不上忙也不必过多牵涉或是自责
11	人生中的每个问题都有一个正确而完美的答案，一旦得不到答案就会很痛苦	人生是一个复杂多变的过程，人生的问题总是层出不穷，有些问题有明确的答案，有些不一定有答案，有些即使有也不一定有正确而完美的答案，对任何问题都寻求完美的解决办法是不可能的事。如果坚持要寻求某种完美的答案，只会使自己感到迷惑、失望和沮丧	并不是所有的问题都会有正确而完美的答案，对于那些没有确定答案的问题不必穷究到底，更不必因为得不到完美答案而痛苦伤心。但求够好，不求最好

韦斯勒等对阿尔伯特·艾利斯提出的11条不合理信念加以概括和简化，归纳出以下三个特征。

（1）绝对化要求

绝对化要求是指人们以自己的意愿为出发点，对某一事物怀有认为其必定会发生或不会发生的信念。这些信念常常与“必须如何”“应该如何”这些字眼联系在一起。例如，“有些客户容易发脾气，这让我很生气”隐含的不合理信念是“每个客户都应该讲道理，经常情绪激动是不对的”。

绝对化要求无视客观事实，强调客观现实服从主观愿望。当遇到客观事实与主观愿望相违背的情况时，就会陷入情绪困扰。例如，认为客户都是讲道理的，遇到不讲道理的客户就愤愤不平。

（2）过分概括化

过分概括化是一种以偏概全的不合理思维方式的表现。以某一件事或者几件事的结果来评价某个人及其价值。阿尔伯特·艾利斯曾说过，过分概括化是不合逻辑的，就好像以一本书的封面来判定其内容的好坏一样。

例如，“今天被客户投诉了，我很自责”，其过分概括化的不合理信念是“我被客户投诉，这说明我实在太差劲了，经理一定对我很失望”。其实，以单纯一件事的成败去评价整个人是一种理智上的“法西斯主义”。只是一次投诉，只能说明我今天在某些环节做得不到位，但是这不代表我在其他环节做得也很差劲。

（3）糟糕至极

糟糕至极是一种认为如果一件不好的事发生了，将是非常可怕、糟糕，甚至是一场灾难的想法。这将导致个体陷入极端不良的情绪体验，如耻辱、自责、焦虑、悲观、抑郁的恶性循环之中而难以自拔。对任何一件事情来说，都可能有比它更坏的情形发生，没有任何一件事情可以被定义为百分之百地糟透了。

3. 情绪劳动

一些岗位要求从业者始终保持适合企业要求的情绪且言行得体，对自己的感情进行严格控制和管理，这类工种被称为情绪劳动行业。例如，空姐要付出“热情的情绪劳动”，护士要付出“关心的情绪劳动”，医生要付出“冷静的情绪劳动”，殡葬从业人员要付出“悲伤的情绪劳动”。

情绪劳动的概念最早由美国社会学家霍奇查尔德率先提出，他认为情绪劳动是“管理自己的情感以创造一种公正可见的面部和肢体的表现”。我们可以更加通俗地将情绪劳动定义为：当组织中的员工与他人进行面对面或者语音（如电话或者邮件）沟通和交往时，为了完成任务，根据组织有关规则和要求做出特定情绪表现的过程。

阅读材料

以下为心理学实验：科学家经过统计学规律挑选了两组人去看电影片段，每组人看完后都用握力器去测试力量和持续时间。这个影片会引起负情绪，即悲伤、愤怒等。对第一组人没有任何观看要求，第二组人被要求始终保持微笑。当然，两组人都是坐着的，不用做任何体力劳动。结果第二组人的握力能力和持续时间显著低于第一组人。在类似的一些实验中，科学家还发现，第二组人的算术差错率也显著高于第一组人。也就是当我们被要求“伪装情绪”的时候，心智、身体的能量都是被消耗的。这就是情绪劳动。

呼叫中心坐席代表的情绪劳动有以下两种表达方式。

（1）表面扮演策略

表面扮演是指坐席代表压制个人感觉到的真实情绪，而假装表现出组织所要求的情绪的一种方式。对坐席代表而言，尽管表面扮演意味着内心的感受与外部表情之间的分离，但不失为一种有效策略，因为在无法改变现有的内心感受时，就需要以表面的装扮来开展工作。

表面扮演更多地发生在习惯性的常规过程中，这些过程比较多地处于半自动化状态，不需要太多的意识加工，也不需要付出太多的认知努力。

（2）深层扮演策略

深层扮演是为了表现出恰当的情绪，而调整自己的主观体验和内在表情的一种方式。深层扮演是一个积极主动的过程，当个体的内心感受与组织的表现规则不一致时，个体通过积极的思考、想象和记忆等内部心理过程，使真实情绪体验与需要表现的情绪相符合，并通过行为体现出来，做到表里如一。

深层扮演要求员工调整内心体验，不仅要抑制正在感受的负面情绪、表现出企业需要的正面情绪，而且要从认知上进行更多的加工，从具体的情境中尽可能地去感受有积极意义的信息。

任务拓展

1．实训任务：自我情绪管理。

2．任务形式：以小组为单位进行本次活动，每组5～7人。

3．任务时限：40分钟。

4．任务要求：

① 学习阅读材料。

② 选取一件引发你负面情绪（郁闷、生气、烦恼、紧张、愤怒）的事情（无须写姓名），注明问题情境A、不合理观念B和情绪/行为反应C，交给小组组长。

③ 组长收集所有组员的ABC清单，然后将清单随机分发给组员。

④ 组员拿到所分的ABC清单（有可能是自己写的，也有可能不是自己写的）后，对其不合理信念进行反驳，将反驳意见写在相应位置处。

⑤ 组员交换ABC清单，对不合理信念进行反驳，将反驳意见写在相应位置处。

⑥ 重复，直至每份ABC清单的不合理信念得到每个组员的反驳。

⑦ 每个组员领取自己的ABC清单。阅读，并内化为习惯和性格。

阅读材料

当我们出现不良情绪的时候，可以借由情绪ABC理论通过ABCDE五步分析法来疏导情绪（见表2-5）。

第一步：找出使自己产生异常紧张情绪的诱发事件（A），如职业规划、被客户投诉、考核不达标、人际关系等。

第二步：找到对这一事件A的感觉及反应，找出C。

第三步：分析并挖掘自己对诱发事件的解释、评价和看法，即由它引起的信念（B），从理性的角度去审视这些信念，并且探讨这些信念与所产生的紧张情绪（C）之间的关系。

第四步：扩展自己的思维角度，与自己的不合理信念进行辩论（D），动摇并最终放弃不合理信念，学会用合理的思维方式代替不合理的思维方式。

第五步：随着不合理信念的消除，异常的紧张情绪开始减少或消除，并产生更为合理、积极的行为方式。最后，个人通过情绪与行为的成功转变，从根本上树立起合理的思维方式，不再受异常的紧张情绪的困扰（E）。

表2-5　ABCDE五步分析

问题情境A	当众发言（如参加演讲）
不合理观念B	我一定要表现得很好，否则会被人笑话
情绪/行为反应C	紧张、焦虑、浑身发抖，无法集中注意力
反驳不合理观念D	如果我表现不好，结果真的有那么糟糕吗？别人会整天无事可干，每天评论我吗？我想表现好，就一定能表现得好吗？有些结果并不完全由我控制。我为什么非要表现得好呢？难道敢于尝试不是一种勇气吗？ 别人难道就一定比我强吗
效果，新的情绪和行为E	没那么紧张、接纳自己的紧张、顺其自然

问题情境A

____

____

不合理观念B

____

____

情绪/行为反应C

____

____

反驳不合理观念D

____

____

效果（新的情绪和行为）E

____

____

任务3 正确舒缓个人压力

任务分析

坐席代表一方面要直接面对客户，接受客户满意度的高压监控；另一方面还要承受组织内部的绩效考核，由高度紧张带来的心理压力较为突出。这些压力如果不能得到有效释放，很容易累积成消极、抵触等不良情绪，危害坐席代表的身心健康，对整个企业的管理效益也都将产生较大的影响。因此，建立积极的心理情绪，加强抗压能力是一名优秀的坐席代表必须具备的软技能。

想要正确地舒缓压力，首先要求坐席代表能够自我察觉所处的压力状况。如果压力过大，能够通过调整思维，启用减压阀，改变看法和面对问题四个方面缓解压力，能够通过减少目标，习惯无常和提早规划三个方面预防压力，通过有效管理时间和养成运动习惯提升自己的抗压能力。

本任务要求坐席代表掌握时间管理的知识，能够掌握压力诊断、压力缓解、压力预防和抗压力提升的方法。

任务实施

首先，压力是一个人心理上的感受，如对待事件总感觉处理不好、能力不足、时间不够用等，从心理上有一种恐惧、厌烦、不舒服等感觉。什么会造成压力？每个要求进步、积极进取的人都会对自己有严格的要求，希望自己能将事件做到最好、表现优秀，因此一旦当某件事有难度，让我们感觉做得不完美或不能解决这件事的时候，压力就产生了；有压力不是坏事，是我们要求上进的一个基本表现，我们的目的是将压力的不利之处进行缓解，将它转化成前进的动力。

对于一个高效运转的呼叫中心来说，压力的存在是必然的，而这些压力来自于哪里，我们又将如何进行缓解？

对于一个客户服务中心来说，压力主要来自三方面：客户、公司、自身，如图2-5所示。

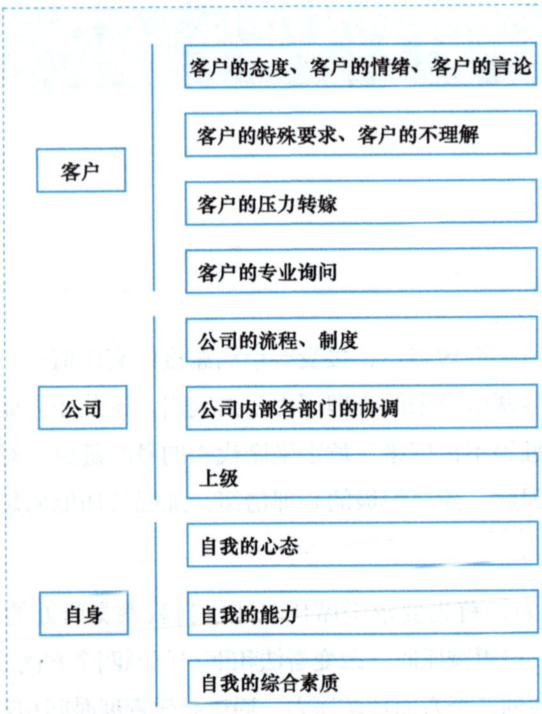

图2-5　压力主要来自三方面

1. 对待客户应理性

① 当客户发火时，态度、情绪必然不好。我们首先要保持平和的态度，保持呼吸的平稳、语调的平稳；让自己的关注点发生转移，将注意力集中在问题上，而不是客户的态度上；我们经常说要“急客户所急”，但此时千万不能随客户急而急，随客户躁而躁。人与人之间的情绪的相互影响是很大的，只是单方面的着急是无法维持多久的，应通过你的平稳、缓和将客户的情绪控制住。

如果实在控制不住客户的情绪，将话筒拿远，进行深呼吸或喝口水，但注意不要让客户感受到你的这些小动作。

② 对于某些客户的特殊要求，我们是无法满足的，可能这些要求在客户看来是十分正常的，因此会使客户产生很大的抱怨，这时我们要保持足够的冷静，千万不要与客户一起抱怨或用一种百无聊赖的态度对待。此时有效的做法是将客户向积极的方面引导，表示

赞同客户的观点，感谢客户的提议，并表明会考虑做改进，可以这样说："您的建议十分好，我非常赞同您的观点，我会及时将您的提议传递给公司领导，希望他们采纳；但在公司没有做出决定之前，我很抱歉不能破坏公司制度，还希望您能谅解。"此时，客户应该是不会难为我们了，同时我们可以将自己认为合理的建议传递给公司，一旦公司接纳我们建议，那一定会给予表扬的，此时我们不会对客户的要求感到有压力，相反它有可能会使自己在公司被重视。

③ 有时是客户的过失，但由于客户对采购人员的压力，采购人员将这种压力强行加给我们。此时，我们要向客户表示"十分了解您的心情""一定尽我所能替您解决这个问题"，尽量让他感受到是真的想帮忙，只是由于各种情况实在无法帮到他，希望客户以后注意这些方面。但我们也会遇到一些很难沟通的客户，在实在无法解决的情况下，可以进行"压力转嫁"，将此压力转给上级，由他解决。

④ 对于某些客户，他的专业知识可能会高于我们，这时我们不要惧怕，可以抱着学习、虚心的态度与客户沟通，最好能不时地赞美客户，称赞客户的知识丰富、专业水平高等，这样客户不仅不会对我们厌烦，反而会教我们很多知识。

2. 克服公司的压力

（1）公司的流程、制度的压力

很多人工作的原单位或个性与现公司制度有差异，会有不适应的感觉，在工作中形成压力，这时如果你看好这个公司打算在这里发展，就改掉自己的毛病，以达到公司的要求，同时加强与同事的沟通与交流，使自己尽快融入公司；而这一切都要来自对本职工作的热爱，对公司的热爱，只有这样才能更快地克服压力的产生；如果感觉公司的流程、做法不合适，可以及时提出来让公司认识到自身的不足；然而有些时候可能大家考虑问题的出发点不一样，公司的很多流程是从大局出发的，也许在局部上不一定十全十美，但为了整体的发展还是比较实际的，因此要善于从大的方面考虑公司的流程、制度等，这样既可以提高自己的思考能力，也可以更好地使用这些流程。

（2）部门之间沟通的压力

如果对某个部门有看法，一旦想起要和这个部门打交道，就会头疼，就会有压力。其实问题的产生并不是单一的，首先应从友善的角度考虑问题：是否我考虑问题太局限了，只从自身的利益来考虑？是否我提出了他们也力所不能及的问题呢？是否我是在合适的时间、状态下与他们沟通的呢？是否我自身的工作做到位了呢？当你下次与对方沟通、协调前先进行一番分析，一定会有很大的触动，也可以将你的这些分析讲给对方听，如此剖析，没有人不会感动的，这样沟通还有困难吗？协调还有压力吗？

（3）上级的压力

你的上级还有他上级也会有压力，这种压力的传导就需要：第一做好本职工作；第二互相理解；第三加强沟通。如果大家都将自己的工作完成得很好，没有人会给你很多的压力。所以做好自己的工作是缓解压力的有效的方法。

3．提高自身的能力

① 调整自我心态。要用一个平和的心态面对压力，同时要有能够承受压力的健康心态。

② 不断提高自我能力。从多方面着手，提高产品认知、熟悉公司的运作、熟练使用各项业务流程；提高自己专业的服务水平等，在高能力的状态下，压力会变得渺小。

③ 提高自身综合素质。这里主要强调身体素质，客户服务工作对耐力、体力有很大的要求，而工作本身的运动量又很小，因此增强自己的体质，也是缓解压力的有效方法之一。

当然，缓解压力的方法还有很多，如保证睡眠、读好书、做深呼吸、向远处眺望等，同时每个人会有一些小窍门，无论采用什么方法，只要能解决问题即可。

必备知识

适度的压力可以激发人的创造性、发挥潜能，但过度的压力会导致身心负荷超载，降低工作效率。呼叫中心坐席代表是典型的压力积攒型岗位，如不掌握适当的舒缓压力方式，会因为压力过大导致工作效率及工作意愿降低，严重的会导致离职。

1．压力诊断

在心理学的书籍里，情绪、压力、健康往往关联在一起。持续的负情绪，在生理上会导致交感神经系统和信息素等分泌的异常，引发“压力”情景的身体状态，使得血压升高、心跳加快等，带来一系列的健康问题。如果能及时觉察并调节，可能很快就会康复。如果没有发现，忽视了病情，可能会出现症状，如嗜睡或者早醒、工作中差错增加以及觉得身体无力等。如果还没有觉察，就可能出现职业倦怠，对工作提不起兴趣，产生惧怕或者厌烦的心理，还会辅之以生理上的不适。及时自我觉察，然后了解如何寻求帮助，是压力和情绪劳动的“医疗体系”。

如果我们身上出现了预警信号，有可能压力正在破坏我们的生活。进行压力测试，可以有效地帮我们判断自身的压力状况。压力检测见表2-6。

表2-6　压力检测

序号	最近1个月，你有没有如下状况	从未	间或	经常
1	觉得手上工作太多，无法应付			
2	觉得时间不够，所以要分秒必争。如过马路、走路和说话节奏都很快			
3	觉得没有时间消遣，终日记挂着工作或者学习			
4	遇到挫败时很容易发脾气			
5	担心别人对自己工作表现的评价不好			
6	觉得上司和家人都不欣赏自己			
7	担心自己的经济状况			
8	有头痛、胃痛、背痛的毛病，难以治愈			
9	需要借烟酒、药物、零食等抑制不安的情绪			
10	需要借助安眠药协助睡眠			
11	与家人、朋友、同事的相处令你发脾气			
12	与人交谈时，会打断对方的话题			
13	上床后觉得思潮起伏，觉得还有很多事情要做			
14	工作太多，不能把每件事都做到尽善尽美			
15	当空闲时轻松一会也会觉得内疚			
16	做事急躁、任性而事后感到内疚			
17	觉得自己不应该享乐			

判别标准：

在过去一个月内是否有出现以上情况？如果从未发生计0分，间或发生计1分，经常发生计2分。

0～10分：精神压力程度低，但可能显示生活缺乏刺激，比较简单沉闷，做事的动力不高。

11～15分：精神压力程度中等，虽然某些时候感到压力较大，仍可应付。

16分及以上：精神压力偏高，是典型的“高压”者，应反省压力来源和寻求缓解的办法。

2．压力缓解

当我们感受到自己压力过大的时候，就需要采取措施缓解压力。

（1）调整思维

外界对我们造成压力需要两个步骤：第一步是外界的刺激（这个刺激是产生压力的外因），第二步是由我们的内心对这个刺激所做出的反应。如果一个情景对我们而言是潜在的“压力触发器”，通过改变对它的思维和看法，情绪会随之发生变化。

例如，某天早上，一位呼叫中心的坐席代表怀着快乐的心情来到工作岗位上，接听的第一个电话如下：

坐席代表：“您好！很高兴为您服务！”

客户：“你高兴我可不高兴！我要投诉，为什么我的手机没有话费后，你们不通知我就直接停了我的手机。你们给我造成的损失谁来赔偿？”

面对这种情境，坐席代表的挫败感很强，心想：“我怎么这么倒霉，一大早就遇到了这样的客户。”这位坐席代表对投诉电话产生的认知是“倒霉”，因此产生了沮丧的挫败感受。但是如果坐席代表当时想：“这位客户有很强的不满情绪，看我是否能帮助他。”这位坐席代表的认知是“好奇”“挑战任务”，如果这样思考，就不会产生挫败感了。

阅读材料

设想最近使你感受到压力的一件事、一个情景或者一个人。把你的压力感划分为1～10个等级。1分表示毫无压力，10分表示压力极大（这里的压力可以是任何形式的苦恼或者负面情绪，如愤怒、烦躁、恼火、伤感、失望、挫折感和忧虑等）。

了解让你产生压力的事件的影响力有多大。用同样的分级方式，给压力源的重要性打分。为了使得评估更加准确，把人生中的重大变故作为9分或者10分的标准，如丧失挚爱、经历严重的财务困境；把生活中的小烦恼作为1分或2分的标准，如错过公交车、遭遇客户投诉等。

然后把两次评分的结果进行对比。问自己：“我对事件的压力感和事件本身的重要性是否相称？”假如你的压力感是7分，而事情的重要性只有3分，这说明，相对于事件本身的影响力，你的压力反应太大了。

（2）启用减压阀

① 转移精力，暂时避开压力源。让自己暂时躲开压力源，去做体育运动或者KTV唱歌，这能使我们得到很好的发泄，会感到很轻松，不知不觉就可以把压力释放出去。或者是给自己放假一天，彻底放松一下。

② 泡澡，然后好好睡一觉。休息是为了更好地工作。科学家指出，每天日间小睡片刻，不仅可以延长寿命，也可以提升表现力。研究表明：每天睡眠4个小时的人，比每天睡眠8个

小时的人的死亡率高18%；每天睡眠少于8个小时，精神集中程度下降30%。

③ 找朋友聊天，有问题第一时间向班组长求助。一是倾诉本身会让我们的心情得到舒畅，使我们得到指导和建议；二是与朋友互诉近况，会发现自己的事都是小事，可能别人的烦恼比我们多。

（3）面对问题

整天生活在焦虑中，不如直接行动。直接行动的应对方式是处理压力的方法，努力争取以有效的方式来处理外界要求，将负面压力转化为正面动力。对于可以克服的困难，要摆正心态，鼓足勇气去面对。若已经尽力，短时间内仍然无法解决问题，表示问题本身处理的难度甚高，有可能需要长期努力，除了必须培养坚忍不拔的斗志外，可能还需要其他精神力量的支持，或者选择放弃。对于无法逾越的障碍，不要勉强，只要是自己不能控制的事情，就放任不管，不要过多地考虑，给自己增加压力。

（4）改变看法

人往往不是被事情本身困扰，而是被他对事情的看法困扰。例如："我做事必须尽善尽美。""我必须待在这里工作，因为这些事情离开了我就不行。""凡事应该按照我期待和设想的方式进行。""我就是这样的人，我改不了。"可以经常自省"我到底在追寻什么"，长期自我强迫、超负荷工作可能会导致自己没有生活情趣，逐渐变得情急浮躁、性情冷漠、刚愎自用、以自我为中心，忽视别人的感受，缺乏付出和获得爱的能力。

3．压力预防

（1）减少多目标

过度压力、焦虑产生的背后，一部分原因是因为多目标。可以通过减少自己的目标，让自己更聚焦、更专注于预防过度压力。很多人很容易混淆抑郁和焦虑的概念。抑郁的人，往往是目标感缺失，觉得人生没有意义，没有追求，会有绝望感；而焦虑和过度压力的人相反，他们一般是多目标，追求的很多，想要的很多，要做的很多，就会感到焦虑和过度压力。当面临多任务时，需要分清楚事情的轻重缓急，逐一完成。

（2）习惯无常

无常总是会发生，当无常发生时，我们需要去体会这种状态，与这种状态和谐地相处，不抗拒，不斗争。习惯接受无常，随时做好准备去迎接无常，即使发生无常，也要学会去体会当下，安住在每个当下。习惯在不确定性中安住的感觉。例如，堵车是一种无常，当你抗拒时，你会抱怨怎么又堵车了，你想早点到家或者到公司，这会令你感到焦虑，甚至继而愤怒。而当你接受这种无常时，你就会觉得堵车很正常，你告诉自己堵车的情况经常发生，这样你会平和很多，也不会焦虑。进一步，当你时刻都准备接受堵车这种无常时，你会早一点做准备，即使堵车也不疾不徐，更无从焦虑。

（3）提早规划

许多引起压力的事件是难以预料的，但对于能事先估计的情况可以及早采取缓解措施。提早规划，方能不乱。提早面对，充分地适应压力带来的感受与挑战，在压力真正到来前做好充分的准备。有了充分的准备，才能在繁忙、无常和快节奏的工作中迎接更多的挑战。

练习

周六6:00，你正在熟睡，你家楼上的邻居开始在家装修，“疯狂”的电锯声让你抓狂。这时你该怎么办?

A．火冒三丈，冲出去“主持公道”，大喊大叫与人争吵，但除了把自己的心情弄得更糟糕以外，事情并没有得到解决。

B．在家里嘟嘟囔囔，心怀不满，郁闷之极，但是不敢说、不愿说，压抑自己。

C．很不高兴，选择上楼与装修的邻居理论。如果无法与邻居沟通时，会穿上球鞋跑步或者买菜。

4．抗压力提升

（1）有效地管理时间

为了避免浪费时间，呼叫中心坐席必须能够很好地进行时间管理。番茄工作法是弗朗西斯科・西里洛于1992年创立的一种简单易行的时间管理方法。

使用番茄工作法，选择一个待完成的任务，设定一个番茄时间，在番茄时间内专注工作，中途不允许做任何与该任务无关的事，直到番茄钟响起，然后在纸上画一个记号，记录下来；然后设定一个番茄休息时间，短暂休息一下。结束一天的工作后，根据记录对当日的工作或学习情况进行复盘，同时可以对第二天的时间进行规划。

人的精力是有限的。如果一个人长时间投入一项工作中，很容易透支精力，导致身体疲劳，效率下降。番茄工作法认为，每工作25分钟，休息5分钟；每90～120分钟，进行一次长时间休息，如15～30分钟，这是一种科学的方法，也是大多人认同和实践的方法。当然，工作和休息的时长可以根据个人的实践不断进行调整，直到找到最佳组合。就像运动员训练一样，冲刺—休息—冲刺—休息，按照这样的节奏去训练，被证明是非常有效的。并不是说，你要专注于一件事，必须投入连续很长时间就能把它做好。多数时候结果正好相反，因为没有遵循客观规律，透支身体和精力，反而导致出现很多负面效应，如疲劳、厌倦、效率低下等。

番茄工作法还是战胜拖延症的一种有效手段。番茄工作法所建立的节奏是“行动—休息—行动—休息”。行动意味着不再拖延，先不管行动是否一定会导致世俗意义上的“成功”，只在战胜拖延这一件事上，行动已经是一种成功。许多严重的拖延症患者，不肯现在行动，总是去做一些与当下最需要做的工作无关的事情来打发时间。番茄工作法的实施，要求你必须“立即行动”，先不要考虑行动会带来的结果，尽管去做。意志力其实是精力的一部分，很容易被透支。番茄工作法其实提供了一种轻松的方式来向前推进。不必用强大的意志力来控制自己，知道当下要做什么之后，只需要设定一个番茄钟，“立即行动”工作一小段时间，休息几分钟，让自己精力得以恢复，然后继续行动。

番茄工作法如下。

①每天规划今天要完成的几项任务，将任务逐项写在列表里（或记在软件的清单里）。

②设定番茄钟（定时器、软件、闹钟等），时间是25分钟。

③开始完成第一项任务，直到番茄钟响铃或提醒（25分钟到）。

④停止工作，并在列表里该项任务后画“×”。

⑤休息3～5分钟，活动、喝水、方便等。

⑥开始下一个番茄钟，继续该任务。一直循环下去，直到完成该任务，并在列表里将该任务画“×”。

⑦每四个番茄钟后，休息25分钟。

提示：

在某个番茄钟的过程里，如果突然想起要做什么事情，必须马上做，停止这个番茄钟并宣告它作废（即使还剩5分钟就结束了），去完成这件事情，之后重新开始同一个番茄钟；

不是必须马上去做的事情，在列表里该项任务后面标记一个逗号（表示打扰），并将这件事记在另一个列表里（如叫“计划外事件”），然后接着完成这个番茄钟。

（2）养成运动习惯

治疗抑郁症常见的方法是进行心理治疗或者药物治疗，但心理学家已经发现，锻炼是第三种方法，而且对很多人来说，效果更好。锻炼确定了个人对自我能力的认同，使个人更有力量面对各种压力的挑战，有效地管理各种情绪。它改变了自我意象，证明你可以做到更好。不管你是对抗压力或是创造重要的工作，你的自我认同、自我效能和自我价值，决定了你在一个领域能走多远。要如何运动，沙哈尔在《幸福课》中给出了一些建议。

第一，选择合适的锻炼。沙哈尔推荐每两天一次，每次30分钟到1个小时，关键是听从身体的需要；选择自己喜欢的锻炼方式，如果喜欢游泳可以经常去附近的游泳池游泳而不必逼迫自己去慢跑；如果喜欢看电视，也可以把跑步机放到电视机前，边看电视边锻炼。

第二，恢复很重要。锻炼一定要张弛有度，量力而行。运动过度容易使自己受伤，而且事实证明，好的成绩往往是休息后获得的。恢复的重要性可以从一个马拉松的事例来说明。

阅读材料

男子马拉松第一次跑进2小时10分，是1967年12月3日，澳大利亚人克莱顿在日本福冈跑出2小时9分36秒。他是世界最好的长跑运动员之一，但从来没有成为真正的第一名。他身高1.88米，最大心率、最大血液溶氧量不是很高，但是他的优势在于他是最勤奋的，他每周跑一百多英里（1英里=1609.344米），非常努力。他的过度刻苦，导致他受了很严重的伤，整整一个月不能跑步，当时他正在准备日本马拉松赛事。在比赛一周之前，他开始可以慢慢地跑。他说要将这次马拉松作为一次训练，作为下一次马拉松比赛训练的一部分。他去参加了比赛，结果打破了世界纪录。他继续努力训练，两年之后再次训练过度，受伤，又一次无法跑步。随后去参加了比利时举办的马拉松比赛，结果又打破了世界纪录：2小时8分33秒。从这以后，教练和运动员开始明白适可而止、适当休息、恢复的重要性，也就是说过犹不及。

第三，循序渐进地开始锻炼计划。刚开始的第一个星期可以仅仅运动三天，每天短短的几分钟到十分钟即可。第二或第三个星期就慢慢增加运动量，增加到每次运动15分钟或30分钟，每星期运动四天。分开时段锻炼。例如，对于45分钟的慢跑，分三次每次15分钟比一次跑完45分钟的效果好。

阅读材料

呼叫中心坐席代表花费在通话上的时间与成本直接相关。时间越长，成本越高。坐席代表的效率越高，总体运营成本就越低。如何降低与客户沟通的时间呢？

（1）面试——是否尝试过电话面试

要想知道坐席代表能否熟练地处理呼叫，最好的办法是通过电话进行面试。如果他们不能很好地处理电话面试过程，也就无法处理呼叫中心的通话。

（2）路径分配——是否有必要的技巧

虽然呼叫中心的所有坐席代表都接受了相同的培训，但是每个人的特点和优势是不同的。一个可能善于处理情绪不佳的客户，而另一个则在处理特定流程方面表现得更加出色。通过使用基于技巧特长的分配技术，每个坐席人员都能发挥自己的特长更好地解决问题。

（3）问题——可能存在的问题是什么

对于处理多种分配通话的呼叫中心来说，重复是无可避免的。如果坐席人员能够预见通话的问题，他们就可以在客户询问之前就提供必要的信息。

（4）数据——收集数据

坐席代表将数据录入客户账户中时，通话会在客户断开后继续。如果能够在通话过程中录入数据，坐席人员就不必在通话结束之后花费大量时间确保数据被记录。

（5）程序——是否一致跟进

呼叫中心管理可能使用特定的程序确保坐席代表专注于手头的工作。如果没有正确遵循这些程序，很难做到高效。分析技术、人力资源优化、通话质量规则和工作调度只有在这些程序正常运转时才能进行。

（6）坐席代表——他们是否有足够的动力

所有人都希望自己的工作能够得到认可，但并不是所有员工都需要用同样的方式激励。呼叫中心管理应着眼于了解坐席代表，知道哪些因素能够激励他们实现绩效指标。

（7）打断——坚决杜绝

希望减少呼叫时间的坐席代表可能会打断客户或者匆忙地结束某个话题，以便把通话继续往前推进。这会带来极大的负作用，它会让客户感觉到自己被忽略。因此，倾听是整个流程中的一个重要组成部分，永远不能被省略和忽视。

对坐席代表给予恰当的指导并制订目标明确的计划，就能减少通话时间。但是要牢记客户始终是第一位的，而非速度。

任务拓展

1．做减压操

当我们感受到压力过度的时候，可以通过练习减压操缓解心理压力。

（1）头部运动

挑高眉毛，尽量把眼睛睁到最大，同时张大嘴，舌头伸出，保持5～10秒，重复3～5次。

端正坐好，头尽量向后贴（做出双下巴的感觉），保持5～10秒，重复3～5次。

端正坐好，缓慢低头，让头部的重量缓缓压在颈部，保持5～10秒，还原放松，缓慢抬头，慢慢张合嘴。保持5～10秒，重复3～5次（防止长期低头颈部出现细纹）。

端正坐好，缓慢将头部倒向左侧，左耳尽可能够贴近左肩（保持肩部放松，不用抬肩膀够耳朵），保持5～10秒，重复3～5次。换右侧。

端正坐好，缓慢把头转向左侧，直到颈部感受到拉伸，保持5～10秒，重复3～5次。换右侧。

（2）手臂运动

抬肩，直至颈部和肩部之间感到轻微挤压，保持5～10秒，缓慢还原。重复3～5次。

缓慢向后转动肩关节，重复五次，再缓慢向前转动肩关节，重复五次。

十指交叉，手掌翻上，举过头顶，手臂伸直，头部与手臂处于同一平面，拉伸5～10秒，重复3～5次。

十指交叉于背后，伸直双臂的同时肘部缓慢向内侧旋转。保持5～10秒，重复3～5次。

十指交叉，手掌向外，手臂在体前伸直，保持5～10秒，重复3～5次。

十指交叉于头后，肘关节尽量向后打开。使两肩胛骨靠近。

右手握住左肘关节，缓慢移动向头后，直至感觉轻微拉伸。保持5～10秒，重复3～5次。做反方向动作。

左手放于右肩，轻轻拉动左肘关节至胸前，直至感觉轻微拉伸，保持5～10秒，重复3～5次。做反方向动作。

双手交叉于体前，缓慢吸气，两手臂缓慢交叉于头上，向后拉伸，缓慢呼气，双手还原，尝试每次重复时伸展扩大双手画圆的范围。重复3～5次。

（3）节与手部运动

双手五指尽量张开，保持5～10秒，四指第二关节弯曲，保持5～10秒，握拳，保持5～10秒，五指再次张开。重复3～5次。

手臂位于体前，伸出拇指，顺时针逆时针方向各转5次。换右手。

双手合十于胸前，两手十指紧贴，保持5～10秒，重复3～5次。

握住右手，保持右肘部伸直，缓慢向下扭右腕关节，直至感觉轻微拉伸，保持5～10秒，重复3～5次。换左手。

握住右手，保持右肘部伸直，向后扳动右手，直至感觉轻微拉伸，保持5～10秒，重复3～5次。换左手。

双臂位于体前，向内侧旋转直至感觉轻微拉伸，保持5～10秒，重复3～5次；双臂向外侧旋转直至感觉轻微拉伸，保持5～10秒，重复3～5次。

最大程度地前后缓慢弯曲手腕，保持5～10秒，重复3～5次。

（4）背部运动

端正坐好，握住左膝，将左腿抬离地面，身体前倾（弓背），鼻子靠近左膝，重复3～5次，换右腿。

身体直立，两膝向后打直，反叉腰，双手缓慢向前推，身体后倾，保持5～10秒，重复3～5次（长时间保持一个坐姿后一定要经常做这个动作）。

端正坐好，十指交叉于头上，肘关节伸直，双臂尽可能向后伸，身体轻轻向左侧倒，直至感觉轻微拉伸，保持5～10秒，缓慢倒向右侧，保持5～10秒，重复3～5次。

站立或端正坐好，双臂举于头上，向斜上方尽可能地往远处伸展，保持5～10秒，重复3～5次。

左腿搭在右腿上，右手扶住右腿大腿，轻轻向右侧推，双肩缓慢转向左侧，直至感到轻微拉伸，保持5～10秒，重复3～5次。换方向。

（5）踝关节与腿部运动

直立站好，右手扶椅背，左手握住左踝关节。保持左膝向下，拉动左踝靠近臀部，直至大腿前侧感觉到轻微拉伸，保持5～10秒，重复3～5次。换方向。

直立站好，左腿放置在高出地面的物体上（与膝盖同高或略低于膝盖）。头部与背部成弓形。缓慢向前倒，直至感觉膝盖后侧轻微拉伸，保持5～10秒，重复3～5次。换腿。

面向墙站好，成右弓步，左脚脚跟着地。身体前倾，左小腿后侧感觉伸展，保持5～10秒，重复3～5次。换腿。

坐在椅子前端，后背不靠椅背。扶住座椅保持平衡。双脚平放于地面，左脚缓慢抬离地面5～10厘米，保持5～10秒，还原，重复3～5次。换腿。

端正坐好，左腿抬离地面，伸直。脚趾上下运动。保持5～10秒，还原，重复3～5次。换腿。

2．坚持写压力日记

监控和记录自己的压力是一件很有意义的事情。它可以帮助了解是什么让我们承受了过多的压力，还能帮助我们管理自己的压力，为最近的应对方式提供客观记录。从今天开始写压力日记吧，见表2-7及表2-8。

表2-7　压力日记

日期		时间	
情境/事件： （是什么事件让你产生了不愉快的情绪？产生了什么令人痛苦的生理感觉？） 压力强度（　　）			
想法： 我（　　）%这么认为			

反应	情绪	
	生理	
	行为因应	
结果	情绪	
	生理	
	事件结果	压力强度（　　）

填写说明：

日期和时间：记录压力事件发生的时间和日期。

情境/事件：写下令你感受到压力的情境或者事件，括号里填入此情境或者事件令你感受到多大的压力，数字为0～10，压力越大，数字越大。

想法：面对这样的压力情境或者事件，你的想法（括号里填入你对这样的想法有多大百分比的确定程度，数字为0～100，你越肯定，数字越大）。

情绪：你对上述情境或者事件的情绪反应，如悲伤、愤怒、焦虑等。情绪的强烈程度如何。

行为因应：你是如何处理这样的压力的。

情绪：在处理之后，你的情绪如何？

事件结果：在处理之后，上述的情境或者事件的结果（括号里填入处理后你感受到的压力有多大，数字为0～10，数字越大，表示压力越大）。

表2-8 项目评价

<table>
<tr><td>基本资料</td><td>实训日期</td><td></td><td colspan="2">实训人</td><td></td></tr>
<tr><td colspan="3">考评项目</td><td colspan="2">考核方式</td><td>备注</td></tr>
<tr><td rowspan="8">压力和情绪管理</td><td rowspan="4">正确认识压力和情绪</td><td>是否了解压力和绩效的关系</td><td colspan="2" rowspan="4">知识测验</td><td rowspan="4"></td></tr>
<tr><td>是否了解坐席代表的压力来源</td></tr>
<tr><td>是否了解压力与性格的关系</td></tr>
<tr><td>是否了解消极情绪的产生原因</td></tr>
<tr><td rowspan="4">有效管理自我情绪</td><td></td><td>教师评价</td><td>互评</td><td>自评</td></tr>
<tr><td>能否察觉自己身上的不合理信念</td><td></td><td></td><td></td></tr>
<tr><td>能否对产生不良情绪的不合理信念进行辩驳</td><td></td><td></td><td></td></tr>
<tr><td colspan="4">使用方法：通过观察在表中填“Y”或“N”或者“NA”，Y=表现良好，N=有待改进，NA=不涉及、不适用。</td></tr>
</table>

参 考 文 献

[1] 华唐教育．服务外包与呼叫中心概论[M]．2版．北京：高等教育出版社，2015．

[2] 张超．客户沟通能力教程[M]．北京：中央广播电视大学出版社，2011．

[3] 罗伯特·W卢卡斯．客户服务[M]．朱迎紫，艾凤义，译．3版．北京：企业管理出版社，2006．

[4] 刘慎．呼叫中心从业人员心理健康及客户沟通心理学[M]．北京：清华大学出版社，2013．

[5] 潘鸿生．有效的沟通技巧：别输在不会表达上[M]．北京：北京工业大学出版社，2015．

[6] 石泉．客户中心积极心理学[M]．成都：成都时代出版社，2018．

[7] 赵溪．客户服务导论与呼叫中心实务[M]．4版．北京：清华大学出版社，2013．